NEODOLJIVA MOKA KUHARICA

100 ukusnih i kreativnih načina za uživanje u savršenoj mješavini kave i čokolade

Tea Vinković

SADRŽAJ

UVOD

Dobro došli u "Neodoljiva Moka Kuharica", divnu zbirku recepata koja kombinira bogate i robusne okuse kave s slatkim okusom čokolade. Bilo da ste predani zaljubljenik u kavu ili jednostavno uživate u povremenoj moka poslastici, ova je kuharica osmišljena kako bi zadovoljila vašu želju i probudila okusne pupoljke.

Na ovim stranicama pronaći ćete raznoliku ponudu recepata koji prikazuju svestranost moke, od klasičnih favorita kao što su moka lattes i kolačići do inventivnih zaokreta u tradicionalnim jelima. Pažljivo smo pripremili ovaj izbor kako bismo zadovoljili i sladokusce kave i one koji po prvi put žele istražiti divan svijet moke.

Svaki recept u ovoj kuharici osmišljen je s ljubavlju i preciznošću, osiguravajući da svaki gutljaj i zalogaj pruža izuzetnu ravnotežu gorkih nota kave i svilenkaste slatkoće čokolade. Bilo da tražite ugodno piće za uživanje na kišni dan ili veličanstveni desert kojim ćete impresionirati svoje goste, " Neodoljiva Moka Kuharica " je za vas.

Dakle, zgrabite svoju omiljenu šalicu, obrišite prašinu s pregače i pripremite se za ulazak u kulinarsku avanturu punu moke. S ovim ćete receptima moći stvoriti ukusne užitke od kojih će svi žudjeti za još. Uronimo i zajedno otkrijmo neodoljivi svijet moke!

DORUČAK

1.Moka kremasta palačinka

SASTOJCI:

ZA PALAČINKE:

- 1 šalica višenamjenskog brašna
- 2 žlice kakaa u prahu
- 2 žlice granuliranog šećera
- ¼ žličice soli
- 3 velika jaja
- 1 ¼ šalice mlijeka
- 2 žlice neslanog maslaca, otopljenog
- 1 žličica granula instant kave
- Sprej za kuhanje ili dodatni maslac za podmazivanje posude

ZA MOKA KREM NADJEV:

- 1 šalica gustog vrhnja
- 2 žlice šećera u prahu
- 1 žličica kakaa u prahu
- 1 žličica granula instant kave
- ½ žličice ekstrakta vanilije

OPCIONALNI PRELJEVI:

- Čokoladni sirup
- Šlag
- Strugotine čokolade

UPUTE:

a) U zdjeli za miješanje pomiješajte brašno, kakao prah, granulirani šećer i sol.

b) U zasebnoj posudi umutite jaja, maslac otopljen u mlijeku i granule instant kave dok se dobro ne sjedine.

c) Postupno ulijevajte mokre sastojke u suhe sastojke, neprestano miješajući dok ne dobijete glatko tijesto.

d) Ostavite tijesto da odstoji oko 10-15 minuta kako bi se brašno hidratiziralo.

e) U međuvremenu pripremite moka krem nadjev. U ohlađenoj zdjeli za miješanje tucite vrhnje, šećer u prahu, kakao prah, granule instant kave i ekstrakt vanilije dok ne dobijete meke vrhove. Ostavite sa strane u hladnjaku do upotrebe.

f) Zagrijte neprijanjajuću tavu ili tavu za palačinke na srednje jakoj vatri. Površinu lagano namažite sprejom za kuhanje ili maslacem.

g) Ulijte otprilike ¼ šalice tijesta za palačinke u tavu, vrteći ga okolo da ravnomjerno obložite dno.

h) Palačinku kuhajte oko 1-2 minute dok rubovi ne počnu smeđiti i dok se dno ne stegne.

i) Preokrenite palačinku pomoću lopatice i pecite još 1-2 minute s druge strane.

j) Skuhanu palačinku izvadite iz posude i prebacite na tanjur. Ponovite postupak s preostalim tijestom dok sve palačinke ne budu pečene.

k) Nakon što se palačinke malo ohlade, obilato rasporedite nadjev od moka kreme na svaku palačinku.

l) Presavijte palačinku na četvrtine ili je smotajte, ovisno o želji.

m) Poslužite palačinke s moka kremom s dodatnim dodacima poput čokoladnog sirupa, šlaga i čokoladnih strugotina.

2.Moka doručak parfe

SASTOJCI:

- 1 šalica grčkog jogurta
- 1 žlica kakaa u prahu
- 1 žlica granula instant kave
- 1 žlica meda ili zaslađivača po izboru
- Granola i svježe bobice za slojeve

UPUTE:

a) U zdjeli pomiješajte grčki jogurt, kakao prah, granule instant kave i med.

b) Dobro promiješajte dok smjesa ne postane glatka i dok se sastojci potpuno ne sjedine.

c) U staklenu teglu složite smjesu moka jogurta s granolom i svježim bobičastim voćem.

d) Ponavljajte slojeve dok ne napunite čašu ili staklenku.

e) Prelijte dodatnom kašicom moka jogurta i ukrasite bobičastim voćem.

f) Moka doručak odmah poslužite ili ostavite u hladnjaku dok ne budete spremni za uživanje.

3.Moka francuski tost

SASTOJCI:

- 4 kriške kruha
- 2 velika jaja
- ¼ šalice mlijeka (mliječnog ili biljnog)
- 1 žlica kakaa u prahu
- 1 žlica granula instant kave
- 1 žlica granuliranog šećera
- Maslac ili ulje za prženje
- Javorov sirup i svježe bobičasto voće za posluživanje (po želji)

UPUTE:

a) U plitkoj posudi umutite jaja, mlijeko, kakao prah, granule instant kave i šećer.

b) Svaku krišku kruha umočite u smjesu i ostavite da se natopi nekoliko sekundi sa svake strane.

c) Zagrijte neprijanjajuću tavu ili rešetku na srednje jakoj vatri i otopite malo maslaca ili ulja.

d) Stavite namočene kriške kruha na tavu i pecite dok ne porumene sa svake strane.

e) Ponovite s preostalim kriškama kruha, dodajući još maslaca ili ulja po potrebi.

f) Poslužite moka francuski tost s javorovim sirupom i svježim bobičastim voćem, po želji.

4. Moka palačinke

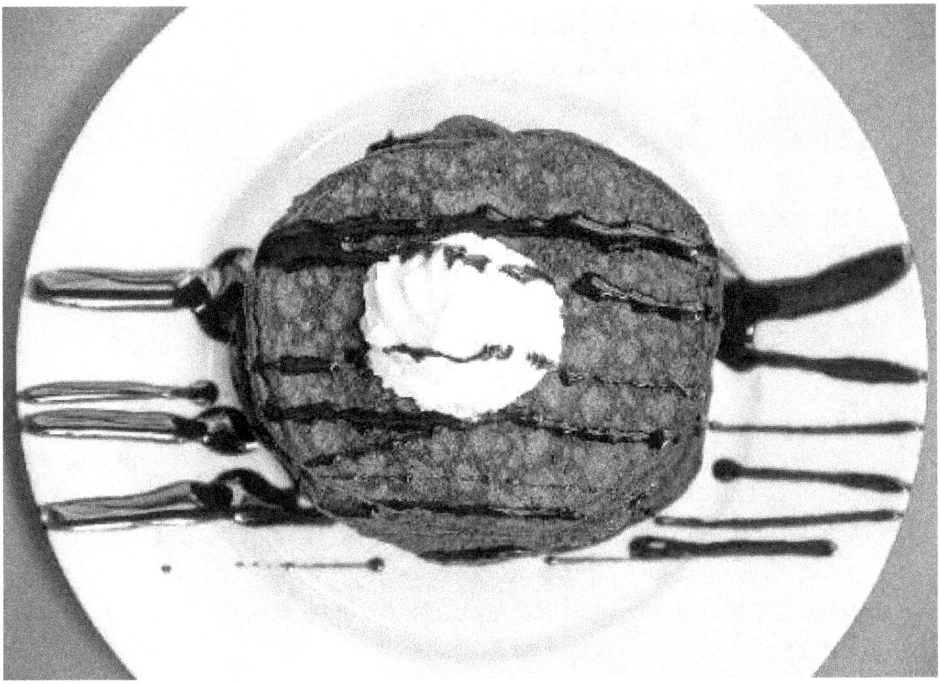

SASTOJCI:

- 1½ šalice speltinog brašna
- ¼ šalice nezaslađenog kakaa
- 3 žličice instant Izrazio praha
- 1½ žličice praška za pecivo
- 1 žličica sode bikarbone
- ½ žličice soli
- 2 žlice kokosovog ulja, otopljenog
- 1 žličica ekstrakta vanilije
- 2 velika jaja, istučena
- 1¼ šalice običnog kefira

UPUTE:

a) Dodajte speltino brašno, kakao, Izrazio prah, prašak za pecivo, sodu bikarbonu i sol u zdjelu i umutite da se sjedini.

b) U drugoj zdjeli pomiješajte kokosovo ulje, vaniliju, jaja i kefir dok se dobro ne sjedine. Otopljeno kokosovo ulje moglo bi se stvrdnuti u kombinaciji s hladnijim sastojcima, pa ako želite možete lagano zagrijati kefir kako biste spriječili da se to dogodi.

c) Dodajte mokre sastojke suhim sastojcima i miješajte dok se temeljito ne sjedine.

d) Ostavite tijesto da odstoji 2 do 3 minute. To omogućuje da se svi sastojci sjedine i daje tijestu bolju konzistenciju.

e) Neprianjajuću tavu ili rešetku obilno poprskajte biljnim uljem i zagrijte na srednjoj vatri.

f) Kad se tava zagrije, dodajte tijesto pomoću mjerne posude od ¼ šalice i ulijte tijesto u tavu da napravite palačinku. Pomoću mjerne posude oblikujte palačinku.

g) Pecite dok se stranice ne stvrdnu i dok se u sredini ne stvore mjehurići (oko 2 do 3 minute), zatim okrenite palačinku.

h) Kad je palačinka s te strane pečena, maknite je s vatre i stavite je na tanjur.

5.Moka Zob preko noći

SASTOJCI:

- ½ šalice valjane zobi
- 1 šalica mlijeka (mliječnog ili biljnog)
- 1 žlica kakaa u prahu
- 1 žlica granula instant kave
- 1 žlica javorovog sirupa
- 1 žlica chia sjemenki (po želji)
- Tamna čokoladna strugotina za ukras (po želji)

UPUTE:

a) U staklenci ili posudi pomiješajte zobene zobi, kakao prah, granule instant kave i chia sjemenke (ako ih koristite).

b) U smjesu dodajte mlijeko i javorov sirup. Dobro promiješajte da se sjedini.

c) Pokrijte staklenku i stavite u hladnjak preko noći ili najmanje 4 sata.

d) Ujutro zob dobro promiješajte i po želji dodajte još mlijeka.

e) Ukrasite strugotinama tamne čokolade i uživajte u moka zobi preko noći.

6.Moka Chia puding

SASTOJCI:

- ¼ šalice chia sjemenki
- 1 šalica mlijeka (mliječnog ili biljnog)
- 1 žlica kakaa u prahu
- 1 žlica granula instant kave
- 1 žlica meda ili zaslađivača po izboru
- Kopice tamne čokolade za ukras (po želji)

UPUTE:

a) U zdjeli pomiješajte chia sjemenke, kakao prah, granule instant kave i med.

b) Postupno ulijevajte mlijeko uz mućenje da se ne zgrudva.

c) Miješajte dok se dobro ne sjedini i ne ostanu grudice.

d) Pokrijte zdjelu i ostavite u hladnjaku najmanje 4 sata ili preko noći.

e) Promiješajte smjesu nakon 30 minuta kako biste spriječili stvaranje grudica.

f) Nakon što je chia puding odstajao, još ga dobro promiješajte i podijelite u zdjelice za posluživanje.

g) Ukrasite komadićima tamne čokolade i uživajte u moka chia pudingu.

7.Moka granola

SASTOJCI:

- 2 šalice valjane zobi
- ½ šalice nasjeckanih badema
- ½ šalice naribanog kokosa
- ¼ šalice kakaa u prahu
- 2 žlice granula instant kave
- 3 žlice otopljenog kokosovog ulja
- 3 žlice javorovog sirupa
- ½ žličice ekstrakta vanilije

UPUTE:

a) Zagrijte pećnicu na 325°F (165°C) i obložite lim za pečenje papirom za pečenje.

b) U velikoj zdjeli pomiješajte zobene zobi, nasjeckane bademe, nasjeckani kokos, kakao prah i granule instant kave.

c) U posebnoj posudi pomiješajte otopljeno kokosovo ulje, javorov sirup i ekstrakt vanilije.

d) Prelijte mokre sastojke preko suhih sastojaka i miješajte dok sve ne bude ravnomjerno obloženo.

e) Smjesu rasporedite u ravnomjernom sloju na pripremljeni lim za pečenje.

f) Pecite 20-25 minuta, miješajući na pola vremena, dok granola ne postane hrskava i zlatno smeđa.

g) Izvadite iz pećnice i ostavite da se potpuno ohladi.

h) Nakon što se ohladi, prebacite u hermetički zatvorenu posudu i čuvajte na sobnoj temperaturi.

i) Poslužite moka granolu s jogurtom, mlijekom ili kao preljev za svoju omiljenu zdjelu za doručak.

8.Moka-badem biskoti

SASTOJCI:

- 2 šalice višenamjenskog brašna
- ½ šalice nezaslađenog kakaa u prahu
- 1 žlica granula instant kave
- 1 žličica praška za pecivo
- ¼ žličice soli
- ½ šalice neslanog maslaca, omekšalog
- 1 šalica granuliranog šećera
- 2 velika jaja
- 1 žličica ekstrakta vanilije
- 1 šalica nasjeckanih badema
- ½ šalice poluslatkih komadića čokolade

UPUTE:

a) Zagrijte pećnicu na 350°F (175°C) i obložite lim za pečenje papirom za pečenje.

b) U zdjeli za miješanje pomiješajte brašno, kakao prah, granule instant kave, prašak za pecivo i sol. Staviti na stranu.

c) U zasebnoj posudi za miješanje umutite omekšali maslac i šećer u prahu dok ne postane svijetlo i pjenasto.

d) Dodajte jaja, jedno po jedno, dobro tučeći nakon svakog dodavanja. Umiješajte ekstrakt vanilije.

e) Postupno dodajte smjesu suhih sastojaka u smjesu maslaca, miksajući dok se ne sjedini.

f) Umiješajte nasjeckane bademe i komadiće poluslatke čokolade dok se ravnomjerno ne rasporede po tijestu.

g) Podijelite tijesto na pola i svaku polovicu oblikujte u cjepanicu, otprilike 12 inča dugačku i 2 inča široku. Stavite cjepanice na pripremljeni lim za pečenje, ostavljajući razmak između njih.

h) Pecite u prethodno zagrijanoj pećnici oko 25-30 minuta ili dok cjepanice ne postanu čvrste i lagano na dodir.

i) Izvadite lim za pečenje iz pećnice i ostavite cjepanice da se ohlade oko 10-15 minuta.

j) Smanjite temperaturu pećnice na 325°F (165°C).

k) Oštrim nožem narežite cjepanice dijagonalno na kriške debljine ½ inča. Na lim za pečenje složite kriške Kolačićita prerezanom stranom prema dolje.

l) Pecite biskote dodatnih 10-15 minuta, ili dok ne postanu hrskavi i malo prepečeni. Preokrenite biskote na pola vremena pečenja kako bi se osiguralo ravnomjerno smeđivanje.

m) Izvadite iz pećnice i pustite da se biskoti potpuno ohlade na rešetki.

n) Nakon što se biskoti ohlade, spremni su za uživanje. Čuvajte ih u hermetički zatvorenoj posudi na sobnoj temperaturi do 2 tjedna.

9.Zdjela za doručak s moka kvinojom

SASTOJCI:

- ½ šalice kuhane kvinoje
- ¼ šalice grčkog jogurta
- 1 žlica kakaa u prahu
- 1 žlica granula instant kave
- 1 žlica meda ili zaslađivača po izboru
- Narezana banana i nasjeckani orasi za preljev (po želji)

UPUTE:

a) U zdjeli pomiješajte kuhanu kvinoju, grčki jogurt, kakao prah, granule instant kave i med.

b) Dobro promiješajte dok se svi sastojci ravnomjerno ne sjedine.

c) Smjesu prebacite u zdjelu za posluživanje.

d) Po želji po vrhu stavite narezanu bananu i nasjeckane orahe.

e) Uživajte u svojoj zdjelici za doručak od moka quinoe kao hranjivom i zadovoljavajućem početku vašeg dana.

10.Moka pogačice

SASTOJCI:

- 2 šalice višenamjenskog brašna
- ¼ šalice granuliranog šećera
- 2 žlice granula instant kave
- 1 žlica praška za pecivo
- ½ žličice soli
- ½ šalice hladnog neslanog maslaca, narezanog na kockice
- ½ šalice gustog vrhnja
- ¼ šalice jako kuhane kave, ohlađene
- 1 žličica ekstrakta vanilije
- ½ šalice poluslatkih komadića čokolade (po želji)
- 1 jaje (za pranje jaja)
- krupni šećer (za posipanje, po želji)

UPUTE:

a) Zagrijte pećnicu na 400°F (200°C) i obložite lim za pečenje papirom za pečenje.

b) U velikoj zdjeli za miješanje pomiješajte brašno, granulirani šećer, granule instant kave, prašak za pecivo i sol.

c) Hladan maslac narezan na kockice dodajte suhim sastojcima. Rezačem za tijesto ili prstima umiješajte maslac u suhu smjesu dok ne postane nalik na grube mrvice.

d) U zasebnoj zdjeli pomiješajte vrhnje, skuhanu kavu i ekstrakt vanilije.

e) Ulijte mokre sastojke u suhu smjesu i miješajte dok se ne sjedine. Po želji ubacite komadiće poluslatke čokolade.

f) Izvadite tijesto na pobrašnjenu površinu i lagano ga premijesite nekoliko puta dok se ne sjedini.

g) Utapkajte tijesto u krug debljine oko 1 inča. Izrežite krug na 8 klinova.

h) Stavite pogačice na pripremljeni lim za pečenje. Umutite jaje i njime premažite vrhove pogačica. Pospite krupnim šećerom, ako koristite.

i) Pecite u prethodno zagrijanoj pećnici 15-18 minuta ili dok pogačice ne porumene i dok čačkalica zabodena u sredinu ne izađe čista.

j) Ostavite Moka pogačice da se ohlade na rešetki prije posluživanja.

11. Moka Kolačići

SASTOJCI:

- 2 šalice nebijeljenog višenamjenskog brašna
- 1 šalica šećera
- ½ žličice sode bikarbone
- ½ žličice praška za pecivo
- ½ žličice soli
- ½ žličice mljevenog cimeta
- ½ žličice mljevenog klinčića
- ¼ šalice jako kuhanog hladnog espressa
- 1 žlica jako kuhanog hladnog espressa
- 1 žlica mlijeka
- 1 žličica mlijeka
- 1 veliki žumanjak
- 1 žličica ekstrakta vanilije
- ¾ šalice prženih i krupno nasjeckanih lješnjaka
- ½ šalice poluslatkih komadića čokolade

UPUTE:

a) U zdjeli električnog miksera opremljenog nastavkom s lopaticom pomiješajte brašno, šećer, sodu bikarbonu, prašak za pecivo, sol, cimet i klinčiće dok se dobro ne izmiješaju.

b) U maloj posudi pomiješajte hladan Izrazio, mlijeko, žumanjak i ekstrakt vanilije. Dodajte ovu smjesu suhim sastojcima u mikser. Tucite dok se ne formira tijesto.

c) Umiješajte pržene i nasjeckane lješnjake i komadiće poluslatke čokolade.

d) Izvadite tijesto na pobrašnjenu površinu. Premijesite ga nekoliko puta, pa podijelite na pola.

e) Pobrašnjenim rukama svaku polovicu tijesta oblikujte u plosnati trupac dužine 12 inča i širine 2 inča. Stavite cjepanice najmanje 3 inča jedna od druge na veliki lim za pečenje koji ste namazali maslacem i pobrašnili.

f) Pecite cjepanice u sredini prethodno zagrijane pećnice na 350°F (175°C) 35 minuta. Pustite ih da se ohlade na limu za pečenje na rešetki oko 10 minuta.

g) Smanjite temperaturu pećnice na 300°F (150°C). Na dasci za rezanje narežite trupce dijagonalno na kriške od ¾ inča. Stavite biskote, prerezane strane prema dolje, na lim za pečenje.

h) Pecite 5 do 6 minuta sa svake strane, ili dok ne poprime blijedozlatnu boju.

i) Premjestite biskote na rešetke za hlađenje i ostavite da se potpuno ohlade.

j) Čuvajte biskote u hermetički zatvorenim posudama kako bi ostali svježi.

k) Uživajte u domaćim Moka biskvitima!

12.Moka kroasani

SASTOJCI:

- 1 šarža tijesta za kroasane (domaće ili kupovno)
- ¼ šalice espressa ili jake kave
- ½ šalice komadića čokolade
- ¼ šalice narezanih badema (po želji)
- Šećer u prahu za posipanje

UPUTE:

a) Zagrijte pećnicu prema uputama za tijesto za kroasane.

b) Tijesto za kroasan razvaljajte i narežite na trokute.

c) Svaki trokutić umočite u Izrazio ili kavu.

d) Svaki trokut pospite komadićima čokolade i narezanim bademima (ako ih koristite).

e) Smotajte svaki trokut, počevši od šireg kraja.

f) Kroasane stavite na pleh i pecite prema uputama za tijesto.

g) Kad su pečeni i ohlađeni, pospite ih šećerom u prahu prije posluživanja.

GRICOLE

13.Moka Tartufi od badema

SASTOJCI:

- 2 žlice vode
- 1 žlica granula instant kave
- ¾ šalice poluslatkih komadića čokolade
- ¾ šalice mljevenih badema
- ¾ šalice slastičarskog šećera, podijeljeno

UPUTE:

a) U srednjem loncu pomiješajte vodu i granule kave na srednjoj vatri, miješajući dok se granule kave ne otope.

b) Dodati čokoladu i miješati dok se ne otopi.

c) Maknite s vatre i umiješajte bademe i ½ šalice slastičarskog šećera dok se smjesa ne stegne.

d) Oblikujte 2 tuceta kuglica od 1 inča, a zatim ih uvaljajte u preostalih ¼ šalice slastičarskog šećera.

e) Stavite na lim za pečenje i ohladite 10 minuta ili dok se ne stegne.

f) Poslužite ili pohranite u hermetički zatvorenoj posudi do posluživanja.

14. Moka kokice od badema

SASTOJCI:

- ½ šalice jake kave
- ½ šalice bijelog kukuruznog sirupa
- ¼ šalice maslaca
- 1 šalica smeđeg šećera
- 1 žlica kakaa
- ½ šalice pečenih kokica
- 1 šalica badema; kotlet prepečen

UPUTE:

a) U teški lonac stavite kavu, kukuruzni sirup, maslac, smeđi šećer i kakao.

b) Kuhajte na umjerenoj vatri na 280°C na termometru za slatkiše.

c) Prelijte poskočenim kukuruzom i bademima

15.Čokoladni Moka Cannoli

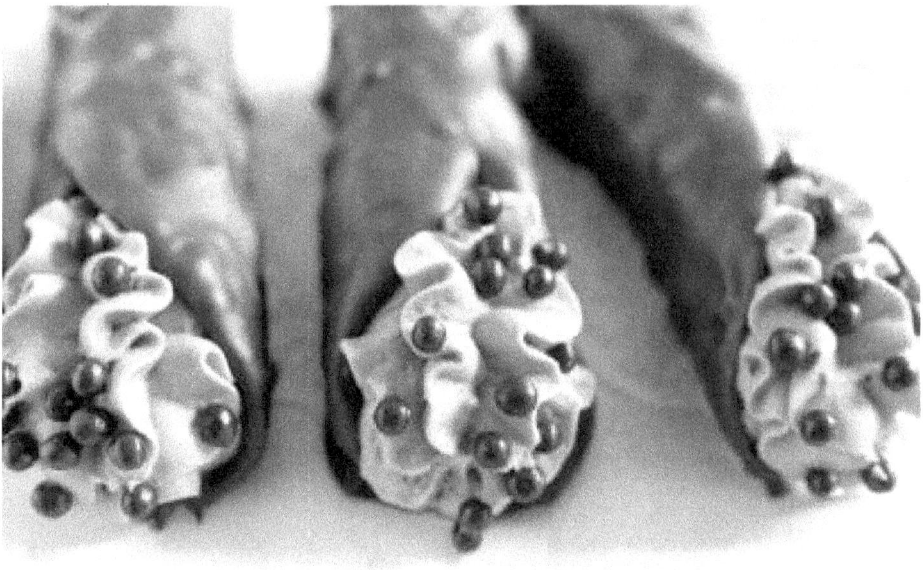

SASTOJCI:

CANNOLI ŠKOLJKE:

- 2 pravokutna komada somuna
- 2 šalice nezaslađenog nemliječnog mlijeka, ja sam koristila indijske oraščiće
- ½ šalice šećera od trske ili drugog nerafiniranog šećera poput kokosa
- ½ šalice kakaa u prahu
- 2 žličice mljevenog espressa
- ¼ žličice morske soli

PUNJENJE CANNOLI:

- 1 ½ šalice najfinijeg bademovog brašna
- ½ šalice kokosovog vrhnja
- ½ šalice šećera od trske ili drugog nerafiniranog šećera poput kokosa
- ½ šalice kakaa u prahu
- ¼ šalice nezaslađenog nemliječnog mlijeka, ja sam koristila indijske oraščiće
- 3 žličice jabučnog octa
- 1 ½ žličice mljevenog espressa
- ¼ žličice morske soli
- 4 žlice nemliječnih komadića čokolade, najbolji je mini čips

UPUTE:

a) Izrežite svaki od pravokutnika somuna na 6 jednakih dijelova tako da prvo presječete srednje duge dijelove, a zatim napravite 3 reza na kraće da biste dobili 6 pravokutnih, četvrtastih dijelova.

b) U jednu zdjelu stavite mlijeko, a u drugu pomiješajte ostale sastojke za cannoli ljuske (šećer, kakao, Izrazio i sol).

c) Svaki manji komad somuna umočite u mlijeko, ostavite da se malo natopi pa ga premažite preljevom. Žličicom rasporedim preljev po mokrom komadu somuna i otresem višak.

d) Zatim zamotajte svaki komad premazanog somuna oko cjevčice za cannoli (ili one koju ste napravili kao ja) i stavite ga šavom prema dolje na pleh obložen papirom za kolače. Možete ga pričvrstiti i čačkalicom, ali meni je bilo lakše staviti ga šavom prema dolje kako bi ga držao na mjestu. Trebao bi biti dovoljno mekan da se dobro drži zajedno.

e) Pecite na 350 F/175 C 25 minuta ili dok ne postane hrskavo.

f) Dok se peku, napravite nadjev. Stavite sve sastojke za punjenje, osim komadića čokolade, u multipraktik i miksajte dok smjesa ne postane mekana i glatka.

g) Dodajte komadiće čokolade i miješajte dok se malo ne usitne i dobro sjedini.

h) Stavite smjesu u hladnjak da se stisne i slegne.

i) Kad su cannoli školjke gotove, izvadite ih iz pećnice i ostavite da se potpuno ohlade prije nego ih izvadite iz tuljaca, oko 20 minuta.

j) Pomoću plastične vrećice s odrezanim kutom ili slastičarske vrećice napunite svaku školjku cannolija čokoladnom smjesom za punjenje. Možete ukrasiti još komadićima čokolade, šećerom u prahu, kakaom u prahu ili čime god želite!

k) Pojedite odmah, ako ih ostavite predugo, mogu postati mekani.

16.Moka cjepanice koje se ne kuhaju

SASTOJCI:

- 2 šalice čokoladnih sendvič keksa (kao što su Oreo keksi), zgnječenih
- ½ šalice šećera u prahu
- ¼ šalice nezaslađenog kakaa u prahu
- 2 žlice granula instant kave
- ½ šalice zaslađenog kondenziranog mlijeka
- ½ žličice ekstrakta vanilije
- ½ šalice nasjeckanih orašastih plodova (kao što su bademi ili orasi), za ukras (po želji)

UPUTE:

a) U zdjeli za miješanje pomiješajte zdrobljene čokoladne sendvič kekse, šećer u prahu, kakao prah i granule instant kave. Dobro izmiješajte da se sjedini.

b) U smjesu dodajte zaslađeno kondenzirano mlijeko i ekstrakt vanilije. Miješajte dok se sastojci dobro ne sjedine i ne dobijete gusto, ljepljivo tijesto.

c) Stavite veliki list plastične folije ili voštanog papira na čistu površinu.

d) Prebacite tijesto na plastičnu foliju i oblikujte ga u cjepanicu, dugu oko 8-10 inča.

e) Čvrsto smotajte cjepanicu u plastičnu foliju, uvijajući krajeve kako biste je sigurno zatvorili. Provjerite je li trupac kompaktan i ravan.

f) Zamotanu cjepanicu stavite u hladnjak i ohladite najmanje 2 sata ili dok se ne stegne.

g) Nakon što je cjepanica čvrsta, izvadite je iz hladnjaka i odmotajte.

h) Uvaljajte cjepanicu u nasjeckane orahe, po želji, nježno pritiskajući da se orasi zalijepe za površinu.

i) Oštrim nožem narežite trupac na pojedinačne porcije, debljine oko ½ inča.

j) Moka cjepanice bez kuhanja poslužite ohlađene. Mogu se čuvati u hermetički zatvorenoj posudi u hladnjaku do tjedan dana.

17.Moka smrznute kapljice

SASTOJCI:

ZA KOLAČIĆE:

- ½ šalice neslanog maslaca, omekšalog
- ¾ šalice granuliranog šećera
- 1 veliko jaje
- 1 žličica ekstrakta vanilije
- ½ šalice kakaa u prahu
- 1 ¼ šalice višenamjenskog brašna
- ½ žličice praška za pecivo
- ¼ žličice soli
- ¼ šalice mlijeka
- 1 žlica granula instant kave

ZA MOKA GLAZUD:

- ¼ šalice neslanog maslaca, omekšalog
- 1 ½ šalice šećera u prahu
- 1 žlica kakaa u prahu
- 1 žlica granula instant kave
- 2-3 žlice mlijeka
- Čokoladni posip ili kakao prah, za dekoraciju (po želji)

UPUTE

ZA KOLAČIĆE:

a) Zagrijte pećnicu na 350°F (175°C) i obložite lim za pečenje papirom za pečenje.

b) U maloj posudi pomiješajte mlijeko i granule instant kave. Miješajte dok se kava ne otopi. Staviti na stranu.

c) U velikoj zdjeli za miješanje umutite omekšali maslac i granulirani šećer dok ne postane svijetlo i pjenasto.

d) Tucite jaje i ekstrakt vanilije dok se dobro ne sjedine.

e) U posebnoj zdjeli pomiješajte kakao prah, višenamjensko brašno, prašak za pecivo i sol.

f) Postupno dodajte mješavinu suhih sastojaka u smjesu maslaca, naizmjence s mješavinom mlijeka i kave. Počnite i završite sa suhim sastojcima, miješajući samo dok se ne sjedine nakon svakog dodavanja.

g) Ubacite zaobljene žličice tijesta na pripremljeni lim za pečenje, razmaknuvši ih oko 2 inča.

h) Pecite u prethodno zagrijanoj pećnici oko 10-12 minuta ili dok se keksići ne stisnu.

i) Izvadite iz pećnice i ostavite kolačiće da se ohlade na limu za pečenje nekoliko minuta prije nego što ih prebacite na rešetku da se potpuno ohlade.

ZA MOKA GLAZUD:

j) U zdjeli za miješanje istucite omekšali maslac dok ne postane kremast.

k) Postupno dodajte šećer u prahu, kakao prah i granule instant kave. Miješajte dok se dobro ne sjedini.

l) Dodajte mlijeko, žlicu po žlicu, i nastavite tući dok glazura ne postane glatka i maziva.

m) Nakon što se kolačići potpuno ohlade, premažite vrhove kolačića moka glazurom.

n) Po želji: glazirane kolačiće ukrasite čokoladnim mrvicama ili pospite kakaom u prahu.

o) Ostavite glazuru da se stegne prije posluživanja.

18. Moka napoleoni od bijele čokolade

SASTOJCI:

- 1 list lisnatog tijesta, odmrznut
- 4 unce bijele čokolade, nasjeckane
- 1 šalica gustog vrhnja
- 2 žlice šećera u prahu
- 1 žlica granula instant kave
- 1 žličica ekstrakta vanilije
- Čokoladne strugotine, za ukras (po želji)

UPUTE:

a) Zagrijte pećnicu na 400°F (200°C).

b) Odmrznuti list lisnatog tijesta razvaljajte na lagano pobrašnjenoj površini kako biste izravnali sve nabore. Izrežite ga na pravokutnike, svaki veličine oko 4x3 cm.

c) Pravokutnike tijesta stavite na pleh obložen papirom za pečenje. Izbodite površinu tijesta vilicom kako biste spriječili pretjerano napuhavanje tijekom pečenja.

d) Pecite tijesto u prethodno zagrijanoj pećnici oko 12-15 minuta ili dok ne porumeni i ne napuhne. Izvadite iz pećnice i pustite da se potpuno ohlade na rešetki.

e) U zdjeli otpornoj na toplinu otopite bijelu čokoladu na parnom kotlu ili u kratkim naletima u mikrovalnoj pećnici, miješajući dok ne postane glatka. Ostavite sa strane da se malo ohladi.

f) U zasebnoj zdjeli za miješanje umutite čvrsto vrhnje, šećer u prahu, granule instant kave i ekstrakt vanilije dok ne dobijete mekane vrhove.

g) Nježno umiješajte otopljenu bijelu čokoladu u smjesu šlaga dok se dobro ne sjedini.

h) Za sastavljanje napoleončića, uzmite jedan ohlađeni pravokutnik od lisnatog tijesta i namažite ga bogatim slojem moka nadjeva od bijele čokolade.

i) Na nadjev stavite drugi pravokutnik od lisnatog tijesta i lagano pritisnite. Ponovite s drugim slojem nadjeva i posljednjim pravokutnikom od lisnatog tijesta.

j) Ponovite postupak s preostalim pravokutnicima tijesta i nadjevom kako biste napravili dodatne napoleone.

k) Po želji: pospite čokoladnim strugotinama po vrhu sastavljenih napoleona za dodatnu dekoraciju.

l) Ohladite napoleone u hladnjaku najmanje 1 sat kako bi se nadjev stvrdnuo i okusi sjedinili.

m) Moka napoleone od bijele čokolade poslužite ohlađene i uživajte u ukusnoj kombinaciji lisnatog tijesta i kremastog nadjeva.

19.Moka krem rogovi

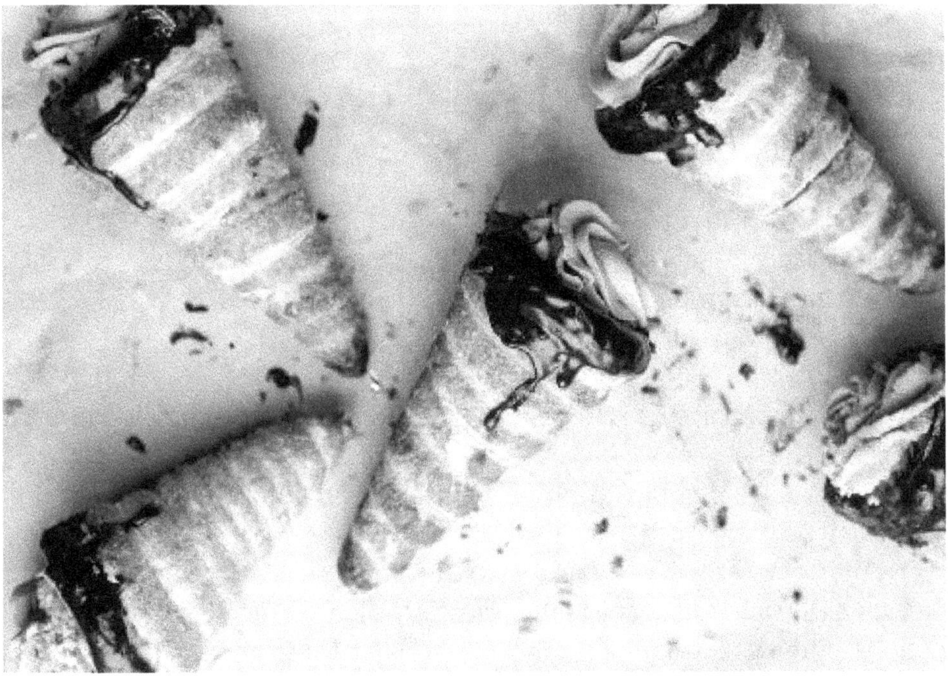

SASTOJCI:

- 1 pakiranje listova lisnatog tijesta (odmrznuto prema uputama na pakiranju)
- 1 šalica gustog vrhnja
- 2 žlice šećera u prahu
- 1 žlica kakaa u prahu
- 1 žličica granula instant kave
- ½ žličice ekstrakta vanilije
- ¼ šalice komadića čokolade (po želji, za prelijevanje)
- Šećer u prahu, za posipanje

UPUTE:

a) Zagrijte pećnicu na 400°F (200°C) i obložite lim za pečenje papirom za pečenje.

b) Listove lisnatog tijesta razvaljajte na lagano pobrašnjenoj površini na debljinu od oko ⅛ inča.

c) Tijesto narežite na dugačke, tanke trokute. Veličina i broj trokuta ovisit će o veličini vaših listova lisnatog tijesta i željenoj veličini rogova kreme.

d) Uzmite svaki trokut i lagano ga zarolajte od šireg kraja prema vrhu, oblikujući oblik roga. Oblikovane rogove stavite na pripremljeni lim za pečenje, ostavljajući razmak između njih.

e) Pecite rogove od tijesta u prethodno zagrijanoj pećnici oko 12-15 minuta ili dok ne porumene i ne nabubre. Izvadite iz pećnice i ostavite da se potpuno ohlade.

f) U ohlađenoj posudi za miješanje pomiješajte vrhnje, šećer u prahu, kakao prah, granule instant kave i ekstrakt vanilije. Tucite električnom miješalicom dok se ne stvore čvrsti vrhovi.

g) Napunite vrećicu sa zvjezdastim vrhom mješavinom moka kreme.

h) Nježno odrežite šiljasti kraj svakog ohlađenog roga tijesta kako biste napravili otvor.

i) Nanesite moka kremu na rogove tijesta i napunite ih. Počnite od dna i vrtite se vrtećim pokretima dok ne dođete do vrha.

j) Po želji: u zdjeli prikladnoj za mikrovalnu otopite komadiće čokolade u intervalima od 30 sekundi, miješajući između vremena dok ne postane glatka. Otopljenu čokoladu prelijte preko punjenih rogova kreme za dodatnu dekoraciju.

k) Napunjene rogove kreme pospite šećerom u prahu za dodatni dodir.

l) Poslužite i uživajte u ukusnim rogovima od moka kreme!

20.Moka makaroni

SASTOJCI:

- 1 ¾ šalice šećera u prahu
- 1 šalica bademovog brašna
- 3 žlice nezaslađenog kakaa u prahu
- 2 žlice granula instant kave
- 3 veća bjelanjka
- ¼ šalice granuliranog šećera
- ½ žličice ekstrakta vanilije
- Prstohvat soli
- ½ šalice tamne čokolade, otopljene (za umakanje, po želji)

UPUTE:

a) Zagrijte pećnicu na 325°F (165°C) i obložite lim za pečenje papirom za pečenje.

b) U zdjelu prosijte šećer u prahu, bademovo brašno, kakao prah i granule instant kave. Staviti na stranu.

c) U posebnoj posudi za miješanje istucite bjelanjke srednjom brzinom dok ne postanu pjenasti.

d) U snijeg od bjelanjaka postupno dodavajte kristalni šećer, ekstrakt vanilije i sol uz nastavak miksanja. Povećajte brzinu na najveću i tucite dok se ne formiraju čvrsti vrhovi.

e) Mješavinu suhih sastojaka lagano kuhačom umiješajte u tučene bjelanjke. Miješajte dok smjesa ne postane glatka i dobro spojena.

f) Premjestite tijesto za makarone u vrećicu s okruglim vrhom.

g) Izvucite male okruglice, promjera oko 1 inča, na pripremljeni lim za pečenje. Ostavite malo razmaka između svakog makarona.

h) Nekoliko puta lupnite limom za pečenje o radnu površinu kako biste oslobodili mjehuriće zraka i malo spljoštili makarone.

i) Pustite makarone da odstoje na sobnoj temperaturi oko 15-30 minuta kako bi se stvorila blaga korica na površini.

j) Pecite makarone u prethodno zagrijanoj pećnici oko 12-15 minuta ili dok se ne stvrdnu i lako odvoje od papira za pečenje.

k) Izvadite makarone iz pećnice i ostavite da se potpuno ohlade na limu za pečenje prije nego što ih prebacite na rešetku.

l) Po želji: kada se makaroni potpuno ohlade, donji dio svakog makarona umočite u otopljenu tamnu čokoladu. Vratite ih na papir za pečenje i ostavite da se čokolada stisne.

m) Čuvajte moka makarone u hermetički zatvorenoj posudi na sobnoj temperaturi do 3-4 dana.

21. Moka energetske kuglice

SASTOJCI:

- 1 šalica datulja bez koštica
- ½ šalice bademovog brašna
- 2 žlice kakaa u prahu
- 2 žlice granula instant kave
- ¼ šalice maslaca od badema ili maslaca od kikirikija
- ¼ šalice nasjeckanog kokosa (po želji)

UPUTE:

a) U sjeckalici pomiješajte datulje bez koštica, bademovo brašno, kakao prah i granule instant kave.

b) Pulsirajte dok se smjesa ne počne spajati i dok se datulje ne sjedine.

c) Dodajte maslac od badema ili maslac od kikirikija u smjesu i ponovno pulsirajte dok se ne formira ljepljivo tijesto.

d) Rukama razvaljajte tijesto u male loptice.

e) Po želji uvaljajte energetske kuglice u nasjeckani kokos za dodatni dodir.

f) Stavite energetske kuglice u hermetički zatvorenu posudu i ostavite u hladnjaku najmanje 30 minuta prije posluživanja.

g) Uživajte u moka energetskim kuglicama kao brzom i energizirajućem međuobroku za doručak.

22.Moka Muffini

SASTOJCI:

- 2 šalice višenamjenskog brašna
- ¾ šalice plus 1 žlica šećera
- 2½ žličice praška za pecivo
- 1 žličica cimeta
- ½ žličice soli
- 1 šalica mlijeka
- 2 žlice plus ½ žličice granula instant kave, podijeljeno
- ½ šalice maslaca, otopljenog
- 1 jaje, tučeno
- 1½ žličice ekstrakta vanilije, podijeljeno
- 1 šalica mini poluslatkih komadića čokolade, podijeljena
- ½ šalice krem sira, omekšalog

UPUTE:

a) Pomiješajte brašno, šećer, prašak za pecivo, cimet i sol u velikoj zdjeli.

b) Pomiješajte mlijeko i 2 žlice granula kave u zasebnoj posudi dok se kava ne otopi.

c) Dodajte maslac, jaje i jednu žličicu vanilije; dobro promiješajte. Umiješajte u suhe sastojke dok se ne navlaže. Ubacite ¾ šalice komadića čokolade.

d) Napunite namašćene ili papirom obložene kalupe za muffine do ⅔. Pecite na 375 stupnjeva 17 do 20 minuta. Ohladite 5 minuta prije vađenja iz posuda na rešetke.

e) Pomiješajte krem sir i preostale granule kave, vaniliju i komadiće čokolade u procesoru hrane ili blenderu. Pokrijte i obradite dok se dobro ne sjedini.

f) Ohladite namaz do posluživanja. Poslužite namaz sa strane.

23.Kuglice Moka likera bez pečenja

SASTOJCI:

- 2 šalice čokoladnih mrvica od vafla
- 1 šalica sitno nasjeckanih orašastih plodova (kao što su bademi ili pekan orasi)
- ½ šalice šećera u prahu
- 2 žlice kakaa u prahu
- ¼ šalice likera od kave
- 2 žlice granula instant kave
- 2 žlice kukuruznog sirupa
- Šećer u prahu za motanje

UPUTE:

a) U zdjeli za miješanje pomiješajte mrvice čokoladnih oblatni, nasjeckane orahe, šećer u prahu i kakao prah.

b) U posebnoj posudi otopite granule instant kave u likeru od kave.

c) Umiješajte smjesu likera od kave i kukuruznog sirupa u suhe sastojke dok se dobro ne sjedine.

d) Rukama oblikujte smjesu u male kuglice.

e) Kuglice uvaljajte u šećer u prahu da ih premažete.

f) Stavite kuglice od moka likera na lim za pečenje obložen voštanim papirom.

g) Pustite kuglice da se stegne u hladnjaku najmanje 1 sat.

h) Poslužite ohlađeno i uživajte u ovim dekadentnim kuglicama od moka likera koje se ne peku!

24.Ravioli od marcipana s moka umakom

SASTOJCI:

ZA RAVIOLE SA MARCIPANOM:

- 1 paket četvrtastih wonton omota
- 8 unci marcipana
- ¼ šalice šećera u prahu
- 1 žličica ekstrakta vanilije
- 1 jaje, tučeno (za brtvljenje raviola)
- Biljno ulje za prženje

ZA MOKA UMAK:

- 1 šalica gustog vrhnja
- ¼ šalice granuliranog šećera
- 2 žlice nezaslađenog kakaa u prahu
- 1 žlica granula instant kave
- 1 žličica ekstrakta vanilije

UPUTE:

a) U posudi za miješanje pomiješajte marcipan, šećer u prahu i ekstrakt vanilije. Miješajte dok se sastojci dobro ne sjedine, a marcipan postane mekan i podatan.

b) Položite nekoliko wonton omota na čistu površinu. Stavite malu količinu marcipanske smjese na sredinu svakog omota, otprilike 1-2 žličice.

c) Rubove wonton omota navlažite razmućenim jajetom. Presavijte jedan kut omota dijagonalno preko nadjeva da dobijete trokut. Čvrsto pritisnite rubove kako biste zatvorili. Ponovite s preostalim wonton omotima i nadjevom od marcipana dok ih sve ne potrošite.

d) Stavite lonac s vodom da lagano zavrije. Raviole pažljivo spustite u kipuću vodu i kuhajte oko 2-3 minute ili dok ne isplivaju na površinu. Izvadite šupljikavom žlicom i ostavite sa strane.

e) U malom loncu pomiješajte vrhnje, granulirani šećer, kakao prah, granule instant kave i ekstrakt vanilije za moka umak. Zagrijte na srednjoj vatri, neprestano miješajući, dok smjesa ne postane glatka i dobro spojena.

f) Zagrijte biljno ulje u dubokoj tavi ili fritezi na 350°F (175°C). Pažljivo ubacite kuhane raviole u vruće ulje u serijama i pržite dok ne porumene i postanu hrskavi, oko 2-3 minute. Izvadite iz ulja i ocijedite na papirnatim ubrusima.

g) Raviole od marcipana poslužite vruće prelivene moka umakom. Također možete posuti malo šećera u prahu ili kakaa u prahu po vrhu za dodatnu prezentaciju.

25.Moka tartufi

SASTOJCI:

- 2 žlice instant kave
- 2 žlice šećera
- 2 žlice vruće vode
- 1 ½ šalice mljevenog keksa (npr. graham krekeri, digestiv keksi)
- ½ šalice otopljene čokolade (tamne, mliječne ili bijele)
- Kakao prah, za posipanje

UPUTE:

a) U zdjeli pomiješajte instant kavu, šećer i vruću vodu dok ne postane gusto i pjenasto.

b) U posebnoj zdjeli pomiješajte izlomljene kekse i otopljenu čokoladu dok se dobro ne sjedine.

c) Lagano umiješajte polovicu umućene Moka smjese.

d) Smjesu razvaljajte u male kuglice i stavite ih na pleh obložen papirom za pečenje.

e) Ostavite u hladnjaku oko 30 minuta da se stegne.

f) Prije posluživanja tartufe pospite kakaom u prahu.

g) Čuvajte u hermetički zatvorenoj posudi u hladnjaku.

26.Moka energetske kuglice

SASTOJCI:

- 2 žlice instant kave
- 2 žlice šećera
- 2 žlice vruće vode
- 1 šalica valjane zobi
- ½ šalice maslaca od orašastih plodova (npr. maslac od kikirikija, maslac od badema)
- ¼ šalice meda ili javorovog sirupa
- ¼ šalice mljevenog lanenog sjemena
- ¼ šalice naribanog kokosa
- ¼ šalice malih komadića čokolade

UPUTE:

a) U zdjeli pomiješajte instant kavu, šećer i vruću vodu dok ne postane gusto i pjenasto.
b) U velikoj zdjeli pomiješajte zobene zobi, maslac od orašastih plodova, med ili javorov sirup, mljevene sjemenke lana, nasjeckani kokos i male komadiće čokolade.
c) Lagano umiješajte polovicu umućene Moka smjese.
d) Miješajte dok se svi sastojci dobro ne sjedine.
e) Smjesu razvaljajte u kuglice veličine zalogaja.
f) Stavite energetske kuglice na pleh obložen papirom za pečenje.
g) Ostavite u hladnjaku najmanje 30 minuta da se stegne.
h) Čuvajte u hermetički zatvorenoj posudi u hladnjaku.

27.Moka kora

SASTOJCI:

- 12 unci bijele čokolade, nasjeckane
- 1 žlica granula instant kave
- ½ šalice zdrobljenih Izrazio zrna prelivenih čokoladom
- Prstohvat soli

UPUTE:

a) Lim za pečenje obložite papirom za pečenje.

b) U posudi prikladnoj za mikrovalnu otopite bijelu čokoladu u intervalima od 30 sekundi, miješajući u međuvremenu dok ne postane glatka.

c) Umiješajte granule instant kave i prstohvat soli.

d) Smjesu rasporedite po pripremljenom limu za pečenje.

e) Po vrhu ravnomjerno pospite Izrazio zrnca prelivena čokoladom.

f) Ostavite da se ohladi i stavite u hladnjak na oko 30 minuta.

g) Nakon što se stegne, razlomite koru Mokke na komade i pohranite je u hermetički zatvorenu posudu.

28.Moka bademi Moka kolačići

SASTOJCI:

- 1 šalica neslanog maslaca, omekšalog
- 1 šalica smeđeg šećera, pakirano
- 2 velika jaja
- 2 žlice granula instant kave
- 2 žličice ekstrakta badema
- 2 ½ šalice višenamjenskog brašna
- ¼ šalice kakaa u prahu
- 1 žličica sode bikarbone
- ½ žličice soli
- 1 šalica nasjeckanih badema
- 1 šalica komadića čokolade

UPUTE:

a) Zagrijte pećnicu na 350°F (175°C) i obložite lim za pečenje papirom za pečenje.

b) U velikoj zdjeli za miješanje miksajte omekšali maslac i smeđi šećer dok ne postane svijetlo i pjenasto.

c) Dodajte jedno po jedno jaje, dobro miksajući nakon svakog dodavanja.

d) Otopite granule instant kave u maloj količini tople vode. Dodajte ovu mješavinu kave i ekstrakt badema mokrim sastojcima. Miješajte dok se dobro ne sjedini.

e) U posebnoj zdjeli pomiješajte brašno, kakao prah, sodu bikarbonu i sol.

f) Postupno dodajte suhe sastojke mokrim sastojcima, miješajte dok se ne formira tijesto.

g) Umiješajte nasjeckane bademe i komadiće čokolade dok se ravnomjerno ne rasporede po tijestu.

h) Koristeći žlicu ili lopaticu za kekse, ubacite zaobljene žlice tijesta na pripremljeni lim za pečenje, razmaknuvši ih oko 2 inča.

i) Svaki kolačić malo spljoštite stražnjom stranom žlice ili prstima.

j) Pecite u prethodno zagrijanoj pećnici 10-12 minuta ili dok se rubovi ne postave, a sredina još uvijek bude malo mekana. Pazite da se ne prepeku.

k) Izvadite kolačiće iz pećnice i ostavite ih da se ohlade na limu za pečenje nekoliko minuta prije nego što ih prebacite na rešetku da se potpuno ohlade.

l) Nakon što se ohlade, uživajte u domaćim moka kolačićima s bademima i moka uz šalicu svoje omiljene kave ili moka!

29.Moka Kućni duh

SASTOJCI:

- 1 šalica neslanog maslaca
- 2 šalice šećera
- 4 velika jaja
- 1 žličica ekstrakta vanilije
- 1 šalica višenamjenskog brašna
- ½ šalice kakaa u prahu
- ¼ žličice soli
- 2 žlice instant kave
- 2 žlice vruće vode

UPUTE:

a) Zagrijte pećnicu na 350°F (175°C) i namastite posudu za pečenje.

b) U posudi prikladnoj za mikrovalnu pećnicu otopite maslac.

c) U posebnoj zdjeli pjenasto izmiješajte šećer, jaja i ekstrakt vanilije dok se dobro ne sjedine.

d) Dodajte otopljeni maslac u smjesu šećera i promiješajte.

e) U drugoj zdjeli pomiješajte brašno, kakao prah i sol.

f) Postupno dodajte suhe sastojke mokrim sastojcima, miješajući dok se ne sjedine.

g) U maloj posudi umutite instant kavu i vruću vodu dok ne postanu pjenaste.

h) Nježno umiješajte pjenu od kave u tijesto.

i) Ulijte tijesto u pripremljenu posudu za pečenje i ravnomjerno rasporedite.

j) Pecite 25-30 minuta ili dok čačkalica zabodena u sredinu ne izađe van s nekoliko vlažnih mrvica.

k) Pustite da se ohladi, a zatim izrežite na kvadrate i uživajte u Moka kućni duhima!

30.Moka kvadrati

SASTOJCI:

PRVI SLOJ:

- 1 šalica višenamjenskog brašna
- ½ šalice slastičarskog šećera
- ½ šalice omekšalog maslaca
- 3 žličice kristala instant kave

DRUGI SLOJ:

- 2 šalice slastičarskog šećera
- 1 žlica kristala instant kave (otopljenih u 2 žlice vruće vode)
- ½ šalice omekšalog maslaca
- 1 jaje (lagano umućeno, sobne temperature)
- ½ šalice mlijeka

GORNJI SLOJ:

- 4 unce bijele čokolade (4 kvadrata)
- 1 žlica maslaca (otopljenog u vrućoj vodi za podmazivanje pleha)

OPCIONALNI EFEKT MRAMORIRANJA:

- 2 unce poluslatke čokolade (2 kvadrata)

UPUTE:

PRVI SLOJ:

a) Zagrijte pećnicu na 350°F (175°C).

b) Namažite maslacem četvrtasti kalup za tortu od 8 inča.

c) U zdjeli za miješanje dobro pomiješajte višenamjensko brašno, slastičarski šećer, omekšali maslac i kristale instant kave otopljene u vrućoj vodi. Za to možete koristiti kuhalicu ili električni mikser.

d) Ovu smjesu ravnomjerno utisnite u dno podmazanog pleha.

e) Pecite u prethodno zagrijanoj pećnici 10 minuta. Zatim ohladite prvi sloj na rešetki.

DRUGI SLOJ:

f) U velikoj zdjeli pomiješajte slastičarski šećer, 1 žlicu kristala kave otopljenu u 2 žlice vruće vode, omekšali maslac i lagano umućeno jaje sobne temperature. Možete koristiti kuhalicu ili električni mikser.

g) U loncu na srednjoj vatri zakuhajte mlijeko (zagrijte dok se ne pojave mjehurići oko stijenki, ali mlijeko ne kipi).

h) Smjesu iz posude dodajte u zavrelo mlijeko i zagrijavajte 7 minuta na srednjoj vatri. U početku često miješajte, a zatim neprestano nakon što smjesa počne mjehuriti. Lagano smanjite vatru ako se počne lijepiti za dno.

i) Pustite da se smjesa malo ohladi pa je prelijte preko ohlađenog prvog sloja. Nagnite posudu da ravnomjerno prekrije temeljni sloj.

j) Ohladite u hladnjaku pola sata ili dok se ne stegne.

TREĆI SLOJ:

k) U kuhalu za kuhanje na paru pomiješajte 4 unce bijele čokolade i 1 žlicu maslaca. Rastopite ih zajedno. Alternativno, možete ih otopiti u mikrovalnoj pećnici 1-1½ minute na visokoj temperaturi, miješajući po potrebi.

l) Otopljenu smjesu bijele čokolade ravnomjerno rasporedite po ohlađenom drugom sloju pomoću lopatice ili tupog noža. Ovaj sloj će biti prilično tanak.

OPCIONALNI EFEKT MRAMORIRANJA:

m) Ako želite mramorirani učinak, otopite 2 unce poluslatke čokolade u kuhalu na paru ili u mikrovalnoj pećnici (1-1½ minute na visokoj), miješajući dok ne postane glatka.

n) Ulijte otopljenu poluslatku čokoladu u malu vrećicu s patentnim zatvaračem, zatvorite je i odrežite kut škarama.

o) Na sloj bijele čokolade istisnite vodoravne linije poluslatke čokolade.

p) Tupim nožem promiješajte dvije čokolade kako biste stvorili efekt mramora.

q) Ohladite dok se treći sloj gotovo potpuno ne stegne.

r) Prije nego što se treći sloj potpuno stegne, razrežite desert na štanglice radi lakšeg posluživanja. Uživajte u svojim domaćim Moka kvadratima!

31. Moka Nanaimo pločice

SASTOJCI:

ZA DONJI SLOJ:

- ½ šalice neslanog maslaca
- ⅓ šalice nezaslađenog kakaa u prahu
- ¼ šalice granuliranog šećera
- 1 jaje, lagano tučeno
- 1½ šalice mrvica graham krekera
- 1 šalica naribanog kokosa
- ½ šalice oraha, sitno nasjeckanih
- 2 žlice mlijeka

ZA SREDNJI SLOJ (PUNJENJE):

- 3 žlice neslanog maslaca
- 2 žličice instant Izrazio praha (ili granula kave)
- ½ žličice vanilije
- 2 šalice šećera u prahu (šećer u prahu)

ZA GORNJI SLOJ (PRELJEV):

- 4 unce poluslatke čokolade, grubo nasjeckane
- 1 žlica neslanog maslaca
- ½ žličice instant Izrazio praha

UPUTE:

PRIPREMITE DONJI SLOJ:

a) U teškoj posudi za umake pomiješajte maslac, kakao, granulirani šećer i lagano tučeno jaje. Kuhajte na laganoj vatri uz miješanje dok se maslac ne otopi.

b) Uklonite lonac s vatre i umiješajte mrvice graham krekera, nasjeckani kokos, orahe i mlijeko. Miješajte dok se dobro ne sjedini.

c) Ovu smjesu ravnomjerno utisnite u podmazan četvrtasti kalup za tortu od 9 inča.

d) Pecite u prethodno zagrijanoj pećnici na 350°F (180°C) 10-12 minuta ili dok podloga ne postane čvrsta.

e) Pustite da se podloga potpuno ohladi na rešetki.

PRIPREMITI SREDNJI SLOJ (NADJEV):

f) U malom loncu zagrijte mlijeko, 3 žlice maslaca, instant Izrazio prah i vaniliju na laganoj vatri dok se maslac ne otopi, a Izrazio prah otopi.

g) Ovu smjesu prebacite u zdjelu za miješanje i ostavite da se ohladi.

h) Tucite šećer u prahu dok se smjesa ne zgusne i postane glatka.

i) Ovaj fil ravnomjerno rasporediti po ohlađenoj podlozi.

j) Ostavite u hladnjaku oko 45 minuta ili dok se nadjev ne stegne.

k) Pripremite gornji sloj (preljev):

l) Na vrhu parnog kotla iznad vruće (ne kipuće) vode otopite zajedno poluslatku čokoladu, 1 žlicu maslaca i ½ žličice instant Izrazio kave u prahu.

m) Nakon što se otopi i postane glatka, ovu čokoladnu smjesu ravnomjerno rasporedite po sloju punjenja.

ZAVRŠNI KORACI:

n) Oštrim nožem zarežite gornji sloj čokolade na pločice. To olakšava kasnije rezanje.

o) Stavite štanglice u hladnjak dok se gornji sloj ne stegne.

p) Izrežite na ploške duž zarezanih linija.

32.Moka Kućni duh s bijelom čokoladom

SASTOJCI:

ZA UMAK:

- ⅔ šalice vrhnja za šlag
- ¼ šalice pripremljenog Café Godiva Special Roast (sobna temperatura)
- 5 unci uvezene bijele čokolade, nasjeckane
- ⅛ žličice mljevenog muškatnog oraščića

ZA KUĆNI DUH:

- 1 ½ štapić (12 žlica) neslanog maslaca
- 4 ½ unce nezaslađene čokolade, nasjeckane
- 2 žlice kuhanog Café Godiva Special Roast (sobne temperature)
- ½ žličice mljevenog cimeta
- 1 ½ šalice šećera
- 3 velika jaja
- ¾ šalice višenamjenskog brašna
- 3 unce gorko-slatke ili poluslatke čokolade, grubo nasjeckane
- ½ šalice nasjeckanih prženih lješnjaka (odstranjene kožice)
- Gorko-slatke čokoladne kovrče (za ukras)
- Slastičarski šećer (za ukras)

UPUTE:

ZA UMAK:

a) U teškoj maloj tavi zakuhajte vrhnje za šlag i Café Godiva Special Roast.

b) Dodajte nasjeckanu bijelu čokoladu i miješajte na laganoj vatri dok smjesa ne postane glatka i počne se zgušnjavati.

c) Dodajte mljeveni muškatni oraščić i promiješajte. (Umak se može napraviti dan unaprijed. Poklopite i ohladite. Prije posluživanja zagrijte ga na laganoj vatri dok se ne rastopi.)

ZA KUĆNI DUH:

d) Postavite rešetku u donju trećinu pećnice i zagrijte je na 350 stupnjeva F (175°C).

e) Obložite četvrtastu tepsiju od 9 inča sa stranicama visokim 2 inča folijom, dopuštajući da folija prekriva stranice. Premažite maslacem i pobrašnite foliju.

f) U teškoj srednjoj posudi za umake pomiješajte prva četiri sastojka (maslac, nezaslađenu čokoladu, Café Godiva Special

g) Pecite, i mljeveni cimet) na laganoj vatri dok smjesa ne postane glatka. Ostavite da se malo ohladi.

h) Umiješajte 1 ½ šalicu šećera i jaja.

i) Umiješajte brašno, zatim nasjeckanu gorku čokoladu i nasjeckane lješnjake.

j) Prebacite tijesto za brownie u pripremljenu posudu.

k) Pecite dok tester umetnut u sredinu ne izađe van s vlažnim mrvicama, oko 30 minuta. Ostavite kućni duhe da se ohlade na rešetki. (Mogu se napraviti do 8 sati unaprijed.)

SASTAVITE PORCIJE:

l) Upotrijebite strane folije kao pomoć pri podizanju brownieja iz posude. Presavijte stranice folije.

m) Okruglim kalupom za kekse od 3 ¾ inča izrežite 4 kruga kolačića, sačuvajte ostatke za drugu upotrebu.

n) Na svaki tanjur stavite jednu rundu brownieja.

o) Prekrijte svaki brownie čokoladnim kovrčama.

p) Žlicom nanesite topli umak od bijele čokolade oko kolačića.

q) Prosijte slastičarski šećer preko svake porcije.

r) Uživajte u slatkim Moka kolačićima s umakom od bijele čokolade!

33.Moka Stanovi

SASTOJCI:

- 2 kockice nezaslađene čokolade
- 2 šalice višenamjenskog brašna
- 1 žličica cimeta
- ¼ žličice soli
- ½ šalice masti
- ½ šalice maslaca
- ½ šalice bijelog šećera
- ½ šalice pakiranog smeđeg šećera
- 1 žlica kristala instant kave
- 1 žličica vode
- 1 jaje
- 1 ½ šalice poluslatkih komadića čokolade
- 3 žlice masti

ZA GLAZURU:

- 1 ½ šalice poluslatkih komadića čokolade
- 3 žlice masti

UPUTE:

a) U malom, teškom loncu zagrijte i miješajte nezaslađenu čokoladu dok se ne otopi u vrućoj vodi u kuhalu za paru. Maknite s vatre i ostavite da se malo ohladi.

b) U posebnoj zdjeli pomiješajte brašno, cimet i sol.

c) U velikoj zdjeli miksera, tucite ½ šalice masti i maslac električnom miješalicom na srednjoj brzini dok maslac ne omekša.

d) Dodajte bijeli šećer i smeđi šećer i tucite dok smjesa ne postane pjenasta.

e) Otopite kristale instant kave u vodi, zatim smjesi s maslacem dodajte smjesu s kavom, otopljenu čokoladu i jaje. Dobro istucite.

f) Dodajte mješavinu brašna i tucite dok se sve dobro ne sjedini.

g) Pokrijte tijesto i ohladite ga oko 1 sat ili dok ne postane lako za rukovanje.

h) Oblikujte tijesto u dvije role od 7 inča. Zamotajte ih i ohladite najmanje 6 sati ili preko noći.

i) Ohlađeno tijesto narežite na kriške od ¼ inča.

j) Stavite kriške na nepodmazan pleh i pecite na 350°F (175°C) 8 ili 9 minuta.

k) Izvadite kolačiće iz pećnice i prebacite ih na rešetku da se ohlade.

ZA GLAZURU:

l) U malom, teškom loncu zagrijte i miješajte komadiće poluslatke čokolade i 3 žlice masti na laganoj vatri dok se ne otope.

m) Polovicu svakog kolačića umočite u čokoladnu smjesu.

n) Stavite kolačiće na voštani papir dok se čokolada ne stegne.

o) Uživajte u ukusnim Moka Flats!

34.Moka pecivo s tamnom čokoladom

SASTOJCI:

- 1 šalica maslaca, na sobnoj temperaturi
- ½ šalice finog šećera (dobro djeluje šećer od repe)
- ⅛ žličice praha vanilije
- 4 žličice sitno mljevene ječmene kave (ili instant kave)
- 1 ¾ šalice višenamjenskog brašna
- ¼ šalice arrowroot praha (ili škroba po vašem izboru)
- 150 g crne čokolade, otopljene

UPUTE:

a) U velikoj zdjeli miješajte maslac sobne temperature i sitni šećer otprilike minutu dok se dobro ne sjedine.

b) U smjesu maslaca i šećera umiješajte fino mljevenu ječmenu kavu (ili instant kavu) i prah vanilije.

c) U zasebnoj zdjeli prosijte višenamjensko brašno i prah marante (ili škrob po želji).

d) Mješavinu s brašnom dodajte smjesi s maslacem i sjedinite rukama. Mijesite smjesu dok ne dobijete tijesto. U početku se može činiti da je smjesa suha, ali nakon nekoliko minuta miješenja spojit će se u složnu kuglu tijesta.

e) Oblikujte tijesto u kuglu, pokrijte ga plastičnom folijom i ostavite u hladnjaku najmanje 1 sat ili preko noći ako želite.

f) Zagrijte pećnicu na 325°F (165°C) i obložite lim za pečenje papirom za pečenje.

g) Ohlađeno tijesto oblikujte u obliku zrna kave, koristeći otprilike 2 žličice tijesta za svaki kolačić.

h) Stražnjom stranom noža lagano pritisnite uzdužnu udubinu na vrhu svakog kolačića. Pazite da ne pritisnete preduboko jer će se kolačići raširiti tijekom pečenja.

i) Oblikovane kolačiće prebacite u pripremljeni pleh i pecite u prethodno zagrijanoj pećnici 15 minuta.

j) Izvadite kolačiće iz pećnice i stavite papir za pečenje s kolačićima na rešetke da se ohlade.

k) Dok se kolačići hlade, otopite tamnu čokoladu na pari ili u mikrovalnoj pećnici.

l) Umočite jedan kraj svakog kolačića u otopljenu tamnu čokoladu.

m) Stavite kolačiće umočene u čokoladu na tanjure obložene papirom za pečenje i ostavite u hladnjaku dok se čokolada ne stvrdne.

n) Nakon što se čokolada stegne, poslužite i uživajte u predivnoj kombinaciji peciva prožetog mokkom i bogate tamne čokolade.

35. Moka kolačići od bijele čokolade

SASTOJCI:

- 1 šalica neslanog maslaca, omekšalog
- 1 šalica granuliranog šećera
- 2 velika jaja
- 2 žličice granula instant kave
- 2 žličice ekstrakta vanilije
- 2 ½ šalice višenamjenskog brašna
- ½ šalice kakaa u prahu
- 1 žličica sode bikarbone
- ½ žličice soli
- 1 šalica komadića bijele čokolade

UPUTE:

a) Zagrijte pećnicu na 350°F (175°C) i obložite lim za pečenje papirom za pečenje.

b) U velikoj zdjeli za miješanje miksajte omekšali maslac i granulirani šećer dok ne postane svijetlo i pjenasto.

c) Dodajte jedno po jedno jaje, dobro miksajući nakon svakog dodavanja.

d) Otopite granule instant kave u maloj količini vruće vode. Dodajte ovu mješavinu kave i ekstrakt vanilije mokrim sastojcima. Miješajte dok se dobro ne sjedini.

e) U posebnoj zdjeli pomiješajte brašno, kakao prah, sodu bikarbonu i sol.

f) Postupno dodajte suhe sastojke mokrim sastojcima, miješajte dok se ne formira tijesto.

g) Umiješajte komadiće bijele čokolade dok se ravnomjerno ne rasporede po tijestu.

h) Koristeći žlicu ili lopaticu za kekse, ubacite zaobljene žlice tijesta na pripremljeni lim za pečenje, razmaknuvši ih oko 2 inča.

i) Svaki kolačić malo spljoštite stražnjom stranom žlice ili prstima.

j) Pecite u prethodno zagrijanoj pećnici 10-12 minuta ili dok se rubovi ne postave, a sredina još uvijek bude malo mekana. Pazite da se ne prepeku.

k) Izvadite kolačiće iz pećnice i ostavite ih da se ohlade na limu za pečenje nekoliko minuta prije nego što ih prebacite na rešetku da se potpuno ohlade.

l) Nakon što se ohlade, prepustite se ovim ukusnim Moka kolačićima od bijele čokolade uz šalicu kave ili Moka!

36.Moka Preokreti

SASTOJCI:

- 1 paket lisnatog tijesta (odmrznuto)
- ¼ šalice granula instant kave
- ¼ šalice tople vode
- ¼ šalice granuliranog šećera
- 1 šalica gustog vrhnja
- ½ šalice komadića čokolade
- 1 jaje (za pranje jaja)
- Šećer u prahu (za posipanje)

UPUTE:

a) Zagrijte pećnicu na 375°F (190°C) i obložite lim za pečenje papirom za pečenje.

b) Otopite granule instant kave u vrućoj vodi i ostavite da se ohladi.

c) U posebnoj zdjeli umutite čvrsto vrhnje i granulirani šećer dok se ne stvore čvrsti vrhovi.

d) Dodajte smjesu kave u šlag i miješajte dok se dobro ne sjedini.

e) Lisnato tijesto razvaljajte i narežite na kvadrate ili pravokutnike.

f) Stavite žlicu vrhnja za šlag od kave i pospite komadićima čokolade na jednu polovicu svakog kvadrata tijesta.

g) Preklopite tijesto i stisnite vilicom rubove.

h) Premažite okrete razmućenim jajetom i pecite oko 15-20 minuta ili dok ne porumene.

i) Prije posluživanja pospite šećerom u prahu.

37.Moka -Pistachio Prhko tijesto

SASTOJCI:

- 1 omotnica Moka mješavine kave (0,77 unce) iz pakiranja od 2,65 unce
- 1 žlica vode
- ¾ šalice maslaca ili omekšalog margarina
- ½ šalice šećera u prahu
- 2 šalice višenamjenskog brašna
- 1 šalica nasjeckanih pistacija
- 1 unca poluslatke čokolade
- 1 žličica masti

UPUTE:

a) Zagrijte pećnicu na 350 stupnjeva Fahrenheita (175 stupnjeva Celzija).
b) Otopite mješavinu Moka kave u vodi u zdjeli srednje veličine.
c) Umiješajte omekšali maslac (ili margarin) i šećer u prahu.
d) U smjesu dodajte višenamjensko brašno i ½ šalice nasjeckanih pistacija. Možete koristiti ruke ako je potrebno za miješanje dok se ne formira čvrsto tijesto.
e) Tijesto podijelite na dvije polovice.
f) Svaku polovicu oblikujte u kuglu, a zatim svaku kuglicu utapkajte u okrugli okrugli komad od 6 inča, debljine otprilike ½ inča, na lagano pobrašnjenoj površini.
g) Svaki krug izrežite na 16 klinova.
h) Rasporedite kriške na nepodmazan lim za kolačiće s otprilike ½ inča razmaka između njih i usmjerite krajeve prema sredini.
i) Pecite oko 15 minuta, ili dok prhko tijesto ne porumeni.
j) Odmah izvadite kolačiće s kalupa i ostavite ih da se potpuno ohlade na rešetkama.
k) Preostalih ½ šalice nasjeckanih pistacija stavite u malu posudu.
l) U zasebnu malu zdjelu za mikrovalnu stavite poluslatku čokoladu i mast.
m) Mikrovalnu pećnicu bez poklopca na srednjoj snazi 3 do 4 minute, miješajući nakon 2 minute. Smjesa bi trebala postati glatka i sipati.
n) Rub svakog kolačića umočite u otopljenu čokoladu, a zatim u nasjeckane pistacije.
o) Stavite kolačiće na voštani papir dok se čokolada ne stegne i postane čvrsta.

38.Moka Danski jezik

SASTOJCI:

- 1 list lisnatog tijesta (odmrznuto)
- ¼ šalice krem sira
- 2 žlice granula instant kave
- 2 žlice šećera u prahu
- ¼ šalice nasjeckanih oraha (po želji)
- ¼ šalice komadića čokolade
- 1 jaje (za pranje jaja)

UPUTE:

a) Zagrijte pećnicu na 375°F (190°C) i obložite lim za pečenje papirom za pečenje.

b) Lisnato tijesto razvaljajte i narežite na kvadrate ili pravokutnike.

c) U maloj zdjeli pomiješajte krem sir, granule instant kave i šećer u prahu dok se dobro ne sjedine.

d) Svaki komad lisnatog tijesta premažite žlicom smjese od kave i krem sira.

e) Po vrhu pospite nasjeckane orahe (ako ih koristite) i komadiće čokolade.

f) Rubove peciva premažite razmućenim jajetom.

g) Pecite oko 15-20 minuta ili dok peciva ne porumene.

h) Pustite ih da se malo ohlade prije posluživanja Moka Danski jezika.

39.Moka kolačići

SASTOJCI:

- 2 žlice instant kave
- 2 žlice šećera
- 2 žlice vruće vode
- ½ šalice neslanog maslaca, omekšalog
- ½ šalice granuliranog šećera
- ½ šalice smeđeg šećera
- 1 jaje
- 1 žličica ekstrakta vanilije
- 2 šalice višenamjenskog brašna
- ½ žličice praška za pecivo
- ½ žličice sode bikarbone
- ½ žličice soli
- 1 šalica komadića čokolade

UPUTE:

a) U zdjeli pomiješajte instant kavu, šećer i vruću vodu dok ne postane gusto i pjenasto.
b) Zagrijte pećnicu na 350°F (175°C) i obložite lim za pečenje papirom za pečenje.
c) U velikoj posudi umutite omekšali maslac, granulirani šećer i smeđi šećer.
d) Tucite jaje i ekstrakt vanilije dok se dobro ne sjedine.
e) U posebnoj zdjeli pomiješajte brašno, prašak za pecivo, sodu bikarbonu i sol.
f) Postupno dodajte suhe sastojke u mokre sastojke, miksajući dok se ne sjedine.
g) Lagano umiješajte polovicu umućene Moka smjese.
h) Ubacite komadiće čokolade.
i) Zaobljene žlice tijesta stavljajte na pripremljeni lim za pečenje.
j) Pecite 10-12 minuta ili dok rubovi ne porumene.
k) Ostavite kolačiće da se ohlade na limu za pečenje nekoliko minuta, a zatim ih prebacite na rešetku da se potpuno ohlade.

40.Moka zobeni kolačići

SASTOJCI:

- 1 šalica neslanog maslaca, omekšalog
- 1 šalica smeđeg šećera, pakirano
- 2 velika jaja
- 2 žlice instant Izrazio praha
- 1 žličica ekstrakta vanilije
- 1 ½ šalice starinske zobi
- 1 ½ šalice višenamjenskog brašna
- ½ žličice sode bikarbone
- ½ žličice soli
- 1 šalica poluslatkih komadića čokolade

UPUTE:

a) Zagrijte pećnicu na 350°F (175°C) i obložite lim za pečenje papirom za pečenje.
b) U velikoj zdjeli za miješanje miksajte omekšali maslac i smeđi šećer dok ne postane svijetlo i pjenasto.
c) Dodajte jedno po jedno jaje, dobro miksajući nakon svakog dodavanja.
d) Otopite instant Izrazio prah u maloj količini vruće vode. Dodajte ovu smjesu za Izrazio i ekstrakt vanilije mokrim sastojcima. Miješajte dok se dobro ne sjedini.
e) U zasebnoj zdjeli pomiješajte zobene zobi, brašno, sodu bikarbonu i sol.
f) Postupno dodajte suhe sastojke mokrim sastojcima, miješajte dok se ne formira tijesto.
g) Umiješajte komadiće poluslatke čokolade dok se ravnomjerno ne rasporede po tijestu.
h) Koristeći žlicu ili lopaticu za kekse, ubacite zaobljene žlice tijesta na pripremljeni lim za pečenje, razmaknuvši ih oko 2 inča.
i) Svaki kolačić malo spljoštite stražnjom stranom žlice ili prstima.
j) Pecite u prethodno zagrijanoj pećnici 10-12 minuta ili dok se rubovi ne postave, a sredina još uvijek bude malo mekana. Pazite da se ne prepeku.
k) Izvadite kolačiće iz pećnice i ostavite ih da se ohlade na limu za pečenje nekoliko minuta prije nego što ih prebacite na rešetku da se potpuno ohlade.
l) Nakon što se ohlade, uživajte u ovim divnim Moka zobenim kolačićima uz vruću šalicu kave ili svoju omiljenu Moka!

41. Čokoladni Moka Toffee Chip kolačići

SASTOJCI:

- 6 unci neslanog maslaca, malo omekšalog
- 5 ¼ unce granuliranog šećera
- 6 unci svijetlosmeđeg šećera
- 2 velika jaja
- 1 žličica ekstrakta vanilije
- 11 ¼ unci nebijeljenog višenamjenskog brašna
- 1 žličica sode bikarbone
- 1 žličica soli
- ⅛ žličice Izrazio praha
- ¼ žličice mljevenog cimeta
- 7 unci komadića gorko-slatke čokolade
- 7 unci moka čipsa
- 3 unce komadića karamele

UPUTE:

a) Zagrijte pećnicu na 350 stupnjeva F (175 stupnjeva C).

b) U zdjeli samostojećeg miksera, pomoću nastavka s lopaticom, miješajte malo omekšali maslac, granulirani šećer i svijetlo smeđi šećer na srednjoj brzini oko dvije minute dok smjesa ne postane kremasta i dobro sjedinjena.

c) Dodajte jaja, jedno po jedno, i svaki put tucite dok se potpuno ne sjedine.

d) Umiješajte ekstrakt vanilije i tucite dok se smjesa dobro ne sjedini.

e) U zasebnoj zdjeli srednje veličine pomiješajte nebijeljeno višenamjensko brašno, sodu bikarbonu, sol, Izrazio prah i mljeveni cimet.

f) Postupno dodajte suhe sastojke u smjesu maslaca i šećera. Prvo miješajte lopaticom, a zatim prijeđite na nastavak s lopaticom, miješajući dok se suhi sastojci ne uklope u tijesto.

g) Nježno umiješajte komadiće gorko-slatke čokolade, moka čips i komadiće karamele dok se ravnomjerno ne rasporede po tijestu.

h) Limove za pečenje obložite papirom za pečenje. Koristeći lopaticu za žlicu ili običnu žlicu, stavite tijesto za kekse u hrpama na lim za pečenje, razmaknuvši ih oko dva inča jedan od drugog.

i) Pecite kolačiće jedan po jedan list u prethodno zagrijanoj pećnici otprilike 12 minuta ili dok rubovi ne postanu lagano zlatni. Sredine trebaju biti još malo mekane.

j) Izvadite kolačiće iz pećnice i ostavite ih da se ohlade na rešetki.

k) Nakon što se ohlade, ovi čokoladni Moka Toffee Chip kolačići spremni su za uživanje. Oni su divna mješavina čokolade, Moka i karamele u svakom zalogaju!

42.Moka Prhko tijesto Jedra

SASTOJCI:

ZA KOLAČIĆE:

- 2 žlice instant kave u prahu
- 1¾ šalice višenamjenskog brašna
- 2 žlice višenamjenskog brašna
- ⅛ žličice praška za pecivo
- ¾ žličice soli
- 6 žlica šećera
- 3 žlice svijetlo smeđeg šećera
- 1 žličica mljevenog cimeta
- 1 šalica neslanog maslaca, hladnog, izrezanog na kockice od 1 inča
- 1 žlica kuhane jake kave
- ¼ žličice ekstrakta vanilije

ZA GLAZURU:

- 7 unci gorko-slatke čokolade
- 1½ šalice prženih badema, sitno nasjeckanih

UPUTE:

ZA KOLAČIĆE:

a) Stavite instant kavu, višenamjensko brašno, prašak za pecivo, sol, oba šećera i mljeveni cimet u multipraktik i kuhajte 5 sekundi.

b) Rasporedite kockice hladnog maslaca po smjesi brašna u multipraktiku i procesuirajte dok smjesa ne nalikuje grubom obroku, oko 10 sekundi.

c) Dok procesor hrane radi, ulijte skuhanu kavu i ekstrakt vanilije kroz dovodnu cijev. Procesirajte samo dok se smjesa ne sjedini, oko 45 sekundi. Zaustavite stroj jednom tijekom miješanja kako biste ostrugali zdjelu gumenom lopaticom.

d) Stavite tijesto između dva komada plastične folije i razvaljajte ga u obliku kvadrata od 10 inča debljine ⅜ inča. Stavite ovaj kvadrat na lim za pečenje i stavite u hladnjak na 45 minuta.

e) Zagrijte pećnicu na 300 stupnjeva Fahrenheita (150 stupnjeva Celzija). Nekoliko lima za pečenje obložite papirom za pečenje ili ih malo namažite biljnim uljem.

f) Ohlađeno tijesto izrežite na 25 kvadrata, a zatim svaki kvadratić dijagonalno prepolovite i napravite trokute.

g) Pomoću lopatice pažljivo premjestite trokute na pripremljene limove za pečenje, ostavljajući oko 1-½ inča između svakog kolačića.

h) Pecite kolačiće dok ne postanu lagano zlatni i čvrsti na dodir, otprilike 25 do 30 minuta. Kad su pečeni, kolačiće prebacite na rešetku da se ohlade.

ZA GLAZURU:

i) Rastopite gorko-slatku čokoladu na vrhu parnog kotla iznad vode koja ključa.

j) Stavite sitno nasjeckane bademe u manju zdjelu.

k) Kad se kolačići ohlade, umočite bazu svakog trokuta oko ¾ inča duboko u otopljenu čokoladu, a zatim u nasjeckane bademe.

l) Odložite kolačiće na papir za pečenje, voštani papir ili aluminijsku foliju i ostavite ih nekoliko sati da se stegne. Možete ubrzati proces stvrdnjavanja stavljanjem kolačića u hladnjak.

m) Ako planirate uživati u kolačićima prvi dan, možete ih staviti na tanjur ili ostaviti na limu za pečenje. Nakon toga rasporedite kolačiće u hermetički zatvorenu posudu, koristeći plastičnu foliju, pergament ili voštani papir između slojeva, i pohranite posudu u zamrzivač do 2 tjedna.

n) Ostavite kolačiće na sobnoj temperaturi prije posluživanja.

43. Moka pjena od lješnjaka

SASTOJCI:

- 1 šalica gustog vrhnja
- ¼ šalice šećera u prahu
- 2 žlice kakaa u prahu
- 2 žlice granula instant kave
- 1 žličica ekstrakta vanilije
- ¼ šalice namaza od lješnjaka (kao što je Nutella)
- Šlag i mljeveni lješnjaci za ukras (po želji)

UPUTE:

a) U zdjeli za miješanje umutite čvrsto vrhnje, šećer u prahu, kakao prah, instant kavu i ekstrakt vanilije dok ne dobijete mekane vrhove.

b) Nježno umiješajte namaz od lješnjaka dok se dobro ne sjedini.

c) Podijelite mus smjesu u čaše ili zdjelice za posluživanje.

d) Ostavite u hladnjaku najmanje 2 sata da se mus stegne.

e) Prije posluživanja po želji ukrasite kašikom tučenog vrhnja i pospite mljevenim lješnjacima.

44.Moka-malina sitnica

SASTOJCI:

- 1 funta Čokoladni biskvit
- ⅓ šalice Kahlue
- 1 funta malina, svježih ili smrznutih
- 3½ unce tamne čokolade
- 1⅓ šalice vrhnja za šlag
- 4 žumanjka
- ¼ šalice kukuruznog škroba
- ¾ šalice šećera
- 1½ šalice mlijeka
- 1 žlica instant kave u prahu
- 1 žlica vode, vruće
- 2 žličice vanilije
- 1⅓ šalice vrhnja za šlag

UPUTE:

a) Izrežite kolač na 10-12 kriški. Polovicu kriški stavite u malu zdjelu. Ravnomjerno pospite polovicom Kahlue, na vrh stavite polovinu malina, pospite ⅓ čokolade i premažite polovicom kreme. Ponovite slojeve.

b) Ukrasite šlagom, preostalom tamnom čokoladom i dodatnim malinama. Krema od kave: Žumanjke, kukuruzni škrob i šećer pjenasto izmiksajte u tavi dok smjesa ne postane glatka. U posebnoj posudi zagrijte mlijeko i postupno umiješajte u smjesu žumanjaka. Kuhajte uz stalno miješanje dok smjesa ne prokuha i ne zgusne se.

c) Dodajte pomiješanu kavu, vodu i vaniliju, pokrijte površinu plastičnom folijom kako se ne bi stvorila kožica i ohladite na sobnu temperaturu. Tucite vrhnje za šlag dok ne dobijete meke vrhove i umiješajte u kremu.

45.sendviči s bademom

SASTOJCI:

- 1 ½ šalice višenamjenskog brašna
- ¼ šalice nezaslađenog kakaa u prahu
- ½ žličice sode bikarbone
- ¼ žličice soli
- ½ šalice neslanog maslaca, omekšalog
- ½ šalice granuliranog šećera
- ½ šalice pakiranog smeđeg šećera
- 1 veliko jaje
- 1 žličica ekstrakta vanilije
- 1 žlica granula instant kave
- ½ šalice nasjeckanih badema
- 1-pinta moka ili sladoled od čokolade

UPUTE:

a) Zagrijte pećnicu na 375°F (190°C) i obložite lim za pečenje papirom za pečenje.

b) U zdjeli pomiješajte brašno, kakao prah, sodu bikarbonu i sol.

c) U zasebnoj zdjeli za miješanje umutite omekšali maslac, granulirani šećer i smeđi šećer dok ne postane svijetlo i pjenasto. Dodajte jaje i ekstrakt vanilije i miješajte dok se dobro ne sjedini.

d) Otopite granule instant kave u 1 žlici vruće vode. Dodajte smjesu kave u smjesu maslaca i miješajte dok se smjesa ne sjedini.

e) Postupno dodajte suhe sastojke u smjesu maslaca i miješajte dok se ne sjedine. Umiješajte nasjeckane bademe.

f) Ubacite zaobljene žlice tijesta na pripremljeni lim za pečenje, razmaknuvši ih oko 2 inča. Svaku lopticu tijesta malo spljoštite dlanom.

g) Pecite 10-12 minuta ili dok se rubovi ne postave. Ostavite kolačiće da se potpuno ohlade.

h) Uzmite kuglicu moka ili čokoladnog sladoleda i stavite je između dva kolačića.

i) Sladoledne sendviče stavite u zamrzivač najmanje 1 sat da se stegne prije posluživanja.

46.M ocha mambo tiramisu torta

SASTOJCI:

- Pakiranje od 10,75 unci kolača s manje masti
- ⅓ šalice ohlađenog espressa ili kave dvostruke jačine
- 1 litra Starbucks Moka Mambo sladoleda s niskim udjelom masti; omekšao
- 2 žličice sitno mljevenog Starbucks espressa ili kave
- 2 šalice smrznutog tučenog preljeva bez masnoće
- 8 zrna kave prelivena čokoladom za ukras

UPUTE:

a) Obložite kalup za kruh veličine 9x5 inča plastičnom folijom. Kolač vodoravno izrežite na četiri kriške. Stavite sloj kolača od jednog kilograma u kalup za kruh, režući kolač kako bi odgovarao, ako je potrebno.

b) Prelijte kolač s jednom trećinom ⅓ šalice ohlađenog espressa ili kave; namazati ⅓ litre Starbucks Low Fat Moka Mambo Ice

c) Krema za ravnomjerno prekrivanje kolača; ponovite dva puta s preostalim kolačem, Izraziom i sladoledom, a završite s pound cakeom.

d) Pokrijte kolač i zamrznite dok se ne stegne (otprilike 2-3 sata).

e) Za posluživanje izvadite štrucu i plastičnu foliju iz posude.

f) U umućeni preljev umiješajte fino mljeveni Izrazio. Premažite vrh i strane štruce smjesom.

g) Ukrasite zrncima kave prelivenim čokoladom.

47.Moka sladoled od vanilije

SASTOJCI:

- ½ čajne žličice ekstrakta vanilije, Pure
- 4 žlice maslaca, neslanog
- 2 žlice gustog vrhnja
- ½ žličice ekstrakta kave
- ½ žlice kakaa u prahu, nezaslađenog
- 4 žlice kokosovog ulja
- Stevia po ukusu

UPUTE:

a) Za početak stavite maslac u zdjelu prikladnu za mikrovalnu pećnicu i zagrijte ga dok ne postane tekući. Umiješajte svoju kremu dok se dobro ne sjedini. Uklonite ga na sigurno mjesto da se ohladi.

b) Kad se ohladi, dodajte ekstrakt vanilije i dobro promiješajte. Ovom smjesom napunite kalupe za sladoled. Ostavite da se stegne u hladnjaku oko 30 minuta. U zasebnoj zdjeli pomiješajte ekstrakt kave, kokosovo ulje, kakao prah i steviju dok se ne sjedine i postanu glatke.

c) Mahunu vanilije izvadite iz hladnjaka i preko nje prelijte moka smjesu. Nakon što ste dodali sladoledne štapiće, stavite ih u zamrzivač na 20-30 minuta prije posluživanja.

48.Moka Krema Simpatija

SASTOJCI:

- 400 ml vode
- 800 ml jednokratnog vrhnja
- 200 ml šećera
- 2 žličice vruće čokolade u prahu
- 2 žličice kave
- Želatina
- Liker od kave
- Ekstrakt vanilije

UPUTE:

a) Namočiti želatinu i ostaviti je u vodi 10min. Zakuhajte 200ml vode i dodajte dvije žlice kafe i 100ml šećera ili više (po vašem ukusu), ugasite vatru i polako dodajte 400ml vrhnja za kuhanje, ne prestajući dobro miješati.

b) Dodajte malo vanilije i pola namočene želatine ostavite. Provjerite je li tekućina dobro izmiješana i ulijte je u šalicu ili čašu koju želite.

c) Ostavite u hladnjaku 2 sata.

d) Potom učinite isto ali umjesto kave u vodu dodajte vruću čokoladu. Kada se sloj od kave dovoljno ohladi stavite na čokoladni i ostavite još 2-3 sata.

e) Potrebna su vam dva odvojena prozirna sloja, jedna kava i jedna topla čokolada.

f) Dodajte na vrh čaja žlicu likera od kave i uživajte u hladnom okusu moke.

49.Krema Simpatija od badema s moka umakom

SASTOJCI:

- 1 šalica cijelih blanširanih badema, prženih
- ⅔ šalice šećera
- 1 omotnica želatine bez okusa
- 2 šalice vrhnja za šlag
- ½ šalice mlijeka
- ⅛ žličice soli
- Narezani bademi, prepečeni

MOKA UMAK

- 4 unce nasjeckane gorko-slatke ili poluslatke čokolade
- ⅔ šalice vrhnja za šlag
- ¼ šalice šećera
- 1 žličica instant Izrazio kave u prahu

UPUTE:

a) Cijele bademe stavite u multipraktik. Pokrijte i obradite da dobijete glatki maslac; Staviti na stranu.

b) U srednje velikoj tavi pomiješajte šećer i želatinu. Dodajte vrhnje. Kuhajte i miješajte na srednjoj vatri dok se želatina ne otopi. Maknite s vatre. Umiješajte maslac od badema, mlijeko i sol. Ulijte u šest pojedinačnih kalupa od 6 unci, ramekina ili šalica za kremu. Pokrijte i ohladite 6 do 24 sata ili dok se ne stegne.

c) Nožem odvojite panna cottu od stijenki posuđa i preokrenite je na šest desertnih tanjura. Žlicom ili pokapajte malo Moka umaka oko panna cotte. Poslužite s preostalim umakom i po želji ukrasite narezanim bademima.

MOKA UMAK

d) U malom loncu kuhajte i na laganoj vatri miješajte nasjeckanu gorku ili poluslatku čokoladu dok se ne otopi. Umiješajte vrhnje za šlag, šećer i instant Izrazio kavu u prahu ili kristale instant kave.

e) Kuhajte i miješajte na srednje niskoj vatri oko 3 minute ili samo dok ne postane mjehurić oko ruba. Poslužite toplo.

50.Moka fondue

SASTOJCI:

- 8 unci poluslatke čokolade
- ½ šalice vrućeg espressa ili kave
- 3 žlice granuliranog šećera
- 2 žlice maslaca
- ½ žličice ekstrakta vanilije

UPUTE:

a) Nasjeckajte čokoladu na male komadiće i ostavite sa strane
b) Zagrijte Izrazio i šećer u loncu za fondue na laganoj vatri
c) Polako miješajući dodavati čokoladu i maslac
d) Dodajte vaniliju
e) Po izboru: dodajte malo Irish Cream

51.Moka sladoled

SASTOJCI:

- 1 šalica kokosovog mlijeka
- ¼ šalice veganskog vrhnja
- 2 žlice eritritola
- 20 kapi tekuće stevije
- 2 žlice kakaa u prahu
- 1 žlica instant kave
- Kovnica

UPUTE:

a) Pomiješajte sve sastojke i zatim ih prebacite u aparat za sladoled i mućkajte prema uputama proizvođača 15-20 minuta.

b) Kada se sladoled lagano smrzne, odmah ga poslužite s listićem mente.

52. Moka kolač od sira bez pečenja

SASTOJCI:

PODLOGA OD BISKVITA

- 300 g digestiva
- 150 g neslanog maslaca
- 25 g kakaa u prahu

NADJEV ZA CHEESECAKE

- 150 g mliječne čokolade
- 2 žličice kamp kave
- 500 g punomasnog krem sira
- 100 g šećera u prahu
- 1 žličica ekstrakta vanilije
- 300 ml duple pavlake

UKRAS

- 100 g mliječne čokolade
- 150 ml duple pavlake
- 2 žlice šećera u prahu
- 1 žličica kamp kave
- Prskalice

UPUTE

ZA PODLOGU OD BISKVITA

a) Promiješajte digestive u multipraktiku s kakaovim prahom dok ne postanu fine mrvice.

b) Pomiješajte kekse s otopljenim maslacem i utisnite na dno kalupa za kalupe promjera 20 cm i ostavite u hladnjaku dok pripremate nadjev!

ZA NADJEV

c) Mliječnu čokoladu pažljivo otopite i ostavite sa strane da se malo ohladi.

d) Električnom samostojećom miješalicom izmiješajte krem sir, vaniliju i šećer u prahu dok smjesa ne postane glatka.

e) Dodati duplu pavlaku i umutiti dok se ne stisne.

f) Podijelite smjese u dvije posude. U jednu polovinu dodajte otopljenu mliječnu čokoladu i promiješajte. U drugu dodajte ekstrakt kamp kave i miješajte dok se također ne sjedini.

g) Kad se izmiješa, nasumično rasporedite smjesu po podlozi od keksa i promiješajte. Zagladite po vrhu i ostavite u hladnjaku 6+ sati da se stegne, ili najbolje preko noći.

UKRASITI

h) Kad se stegne, izvadite ga iz kalupa. Tucite duplo vrhnje, ekstrakt kamp kave i šećer u prahu dok ne postane gusto i za lulu.

i) Prelijte otopljenom mliječnom čokoladom, dodajte malo ukusnog šlaga od kave i pospite lijepim mrvicama!

53.Moka Mažuran

SASTOJCI:

ZA BEGE SLOJEVE:

- 4 veća bjelanjka
- 1 šalica granuliranog šećera
- ½ šalice mljevenih badema
- ¼ žličice tartar kreme

ZA MOKA PUTER KREMU:

- 1 ½ šalice neslanog maslaca, omekšalog
- 2 šalice šećera u prahu
- 2 žlice nezaslađenog kakaa u prahu
- 2 žlice instant kave, otopljene u 2 žlice vruće vode
- 1 žličica ekstrakta vanilije

ZA MONTAŽU:

- ½ šalice tamne čokolade, nasjeckane
- ¼ šalice gustog vrhnja
- Po izboru: čokoladne strugotine ili kakao prah za ukras

UPUTE:

a) Zagrijte pećnicu na 325°F (165°C) i obložite dva lima za pečenje papirom za pečenje.

b) U zdjeli za miješanje pjenasto istucite bjelanjke. Dodajte kremu od tartara i nastavite tući dok se ne formiraju mekani vrhovi.

c) Postupno dodajte granulirani šećer, žlicu po žlicu, nastavljajući tući dok se ne stvore čvrsti, sjajni vrhovi.

d) Nježno umiješajte mljevene bademe dok se ravnomjerno ne sjedine.

e) Smjesu za meringue podijelite na pola i svaku polovicu rasporedite u pravokutni oblik na pripremljene limove za pečenje. Ciljajte na debljinu od oko ¼ inča.

f) Pecite u prethodno zagrijanoj pećnici oko 20-25 minuta ili dok slojevi beze ne postanu lagano zlatni i hrskavi. Izvadite iz pećnice i ostavite da se potpuno ohlade.

g) U zdjeli za miješanje istucite omekšali maslac dok ne postane kremast. Postupno dodajte šećer u prahu, kakao prah, otopljenu kavu i ekstrakt vanilije. Tucite dok ne postane glatko i pahuljasto.

h) Nakon što se slojevi meringue ohlade, namažite obilnu količinu moka kreme od maslaca na vrh jednog sloja.

i) Stavite drugi sloj meringue na vrh, nježno pritiskajući da se zalijepi.

j) U zdjeli prikladnoj za mikrovalnu pećnicu zagrijavajte tamnu čokoladu i vrhnje u intervalima od 30 sekundi, miješajući u međuvremenu dok se čokolada ne otopi i smjesa postane glatka. Neka se malo ohladi.

k) Prelijte čokoladni ganache preko vrha sastavljene moka Mažuran, dopuštajući da se polije niz stranice.

l) Po želji: pospite čokoladnim strugotinama ili pospite kakaom u prahu po vrhu za ukras.

m) Ohladite moka Mažuran najmanje 2-3 sata ili dok se krema od maslaca ne stegne.

n) Narežite i poslužite ukusnu moka Mažuran kao dekadentni desert.

54.Moka metvica čips

SASTOJCI:

- ½ šalice neslanog maslaca, omekšalog
- ¾ šalice granuliranog šećera
- 1 veliko jaje
- 1 žličica ekstrakta vanilije
- ½ žličice ekstrakta paprene metvice
- 1 ¼ šalice višenamjenskog brašna
- ¼ šalice nezaslađenog kakaa u prahu
- 1 žlica granula instant kave
- ¼ žličice soli
- ¼ žličice praška za pecivo
- ¼ žličice sode bikarbone
- 4 unce tamne čokolade, otopljene
- Zgnječene bombone ili pepermetvica bombone, za ukras

UPUTE:

a) Zagrijte pećnicu na 350°F (175°C) i obložite lim za pečenje papirom za pečenje.

b) U velikoj zdjeli za miješanje umutite omekšali maslac i granulirani šećer dok ne postane svijetlo i pjenasto.

c) Umutite jaje, ekstrakt vanilije i ekstrakt paprene metvice dok se dobro ne sjedine.

d) U posebnoj zdjeli pomiješajte brašno, kakao prah, granule instant kave, sol, prašak za pecivo i sodu bikarbonu.

e) Postupno dodajte smjesu suhih sastojaka u smjesu maslaca, miksajući dok se ne sjedini.

f) Ubacite zaobljene žličice tijesta na pripremljeni lim za pečenje, razmaknuvši ih oko 2 inča.

g) Koristeći stražnju stranu žlice ili prste, nježno spljoštite svaku kuglicu tijesta u tanki disk. Kolačići će se raširiti dok se peku, pa neka budu dovoljno tanki.

h) Pecite u prethodno zagrijanoj pećnici oko 10-12 minuta ili dok se rubovi ne postave i kolačići ne postanu hrskavi.

i) Izvadite iz pećnice i ostavite kolačiće da se ohlade na limu za pečenje nekoliko minuta prije nego što ih prebacite na rešetku da se potpuno ohlade.

j) Nakon što se kolačići ohlade, svaki kolačić premažite tankim slojem otopljene tamne čokolade na dno.

k) Na otopljenu čokoladu dok je još mekana pospite zdrobljene bombone ili pepermetvica bombone.

l) Ostavite da se čokolada potpuno stegne prije posluživanja ili spremanja moka metvica čipsa.

55.Moka marshmallow mus

SASTOJCI:

- 1 šalica gustog vrhnja
- ¼ šalice granuliranog šećera
- 2 žlice nezaslađenog kakaa u prahu
- 1 žlica granula instant kave, otopljena u 1 žlici vruće vode
- 1 žličica ekstrakta vanilije
- 2 šalice mini marshmallowa

UPUTE:

a) U zdjeli za miješanje tucite čvrsto vrhnje, granulirani šećer, kakao prah, otopljenu kavu i ekstrakt vanilije dok ne dobijete mekane vrhove.

b) Lagano preklopite mini marshmallow kolačiće dok se ravnomjerno ne rasporede.

c) Žlicom rasporedite moka marshmallow mus u čaše ili zdjelice za posluživanje.

d) Ostavite u hladnjaku najmanje 2 sata ili dok se mus ne stegne i ohladi.

e) Po želji: prije posluživanja ukrasite dodatnim mini marshmallow kolačićima ili pospite kakaom u prahu.

56.Toffee moka pita

SASTOJCI:

ZA KORE:

- 1 ½ šalice zdrobljenih čokoladnih kolačića (kao što su čokoladni graham krekeri ili čokoladne vafle)
- 6 žlica neslanog maslaca, otopljenog

ZA NADJEV:

- 1 šalica gustog vrhnja
- ½ šalice mlijeka
- ¼ šalice granuliranog šećera
- 2 žlice granula instant kave
- 1 žlica kukuruznog škroba
- ¼ žličice soli
- 4 velika žumanjka
- 1 žličica ekstrakta vanilije
- ½ šalice komadića karamele ili zdrobljenih bombona od karamele

ZA PRELJEV:

- 1 šalica gustog vrhnja
- 2 žlice šećera u prahu
- ½ žličice ekstrakta vanilije
- Čokoladne strugotine ili kakao prah, za ukras (po želji)

UPUTE:

a) Zagrijte pećnicu na 350°F (175°C).

b) U posudi za miješanje pomiješajte izlomljene čokoladne kekse i otopljeni maslac. Miješajte dok se mrvice ravnomjerno ne prekriju.

c) Utisnite smjesu od mrvica na dno i gore na stijenke posude za pitu od 9 inča kako biste oblikovali koru.

d) Koru pecite u zagrijanoj pećnici oko 10 minuta. Izvadite iz pećnice i ostavite da se potpuno ohladi.

e) U loncu pomiješajte vrhnje, mlijeko, granulirani šećer, granule instant kave, kukuruzni škrob i sol. Miješajte dok se granule kave i kukuruzni škrob ne otope.

f) Stavite lonac na srednju vatru i kuhajte uz stalno miješanje dok se smjesa ne zgusne i lagano proključa.

g) U posebnoj posudi umutiti žumanjke. U žumanjke postupno dodajte malu količinu vruće smjese vrhnja uz neprestano miješanje. To će umiriti jaja i spriječiti njihovo miješanje.

h) Polako ulijte temperiranu smjesu jaja natrag u lonac, neprestano miješajući.

i) Nastavite kuhati smjesu na srednjoj vatri uz stalno miješanje dok se ne zgusne do pudingaste konzistencije. Maknite s vatre.

j) Umiješajte ekstrakt vanilije i komadiće karamele dok se ravnomjerno ne rasporede po nadjevu.

k) U ohlađenu koru sipati fil i ravnomerno rasporediti.

l) Pokrijte pitu plastičnom folijom, pazeći da dodiruje površinu nadjeva kako bi se spriječilo stvaranje kožice. Ohladite u hladnjaku najmanje 4 sata ili dok se ne stegne.

m) Prije posluživanja pripremite preljev od šlaga. U zdjeli za miješanje tucite čvrsto vrhnje, šećer u prahu i ekstrakt vanilije dok se ne formiraju mekani vrhovi.

n) Ohlađenu pitu premažite ili izlupajte šlagom.

o) Po želji: ukrasite komadićima čokolade ili posipom kakaa u prahu.

p) Narežite i poslužite toffee moka pitu i uživajte u njezinim bogatim, kremastim i ugodnim okusima!

q) Ova toffee moka pita zasigurno će impresionirati svojom kombinacijom kave, toffeea i čokolade. Savršen je desert za svaku priliku ili za zadovoljavanje želje za slatkim.

57.Moka sorbet

SASTOJCI:

- 1 šalica kuhane jake kave
- 1 šalica granuliranog šećera
- ½ šalice kakaa u prahu
- ½ žličice ekstrakta vanilije
- Prstohvat soli
- 2 žlice votke

UPUTE:

a) U loncu pomiješajte skuhanu kavu i granulirani šećer. Zagrijte na srednjoj vatri uz često miješanje dok se šećer potpuno ne otopi.

b) Uklonite lonac s vatre i umiješajte kakao prah dok se potpuno ne sjedini i postane glatko.

c) Umiješajte ekstrakt vanilije i sol.

d) Po želji: ako koristite votku, umiješajte je u smjesu. Dodatak alkohola pomoći će da se sorbet ne smrzne prejako i da se stvori glatkija tekstura.

e) Pustite smjesu da se ohladi na sobnu temperaturu, zatim je prebacite u poklopljenu posudu i stavite u hladnjak na najmanje 4 sata ili preko noći da se dobro ohladi.

f) Nakon što se ohladi, ulijte smjesu u aparat za sladoled i mućkajte prema uputama proizvođača dok ne dobijete konzistenciju poput šerbeta.

g) Prebacite sorbet u posudu s poklopcem i stavite ga u zamrzivač na nekoliko sati ili dok se ne stegne.

h) Kada je spreman za posluživanje, ostavite sorbet na sobnoj temperaturi nekoliko minuta da malo omekša.

i) Zagrabite moka sorbet u zdjelice za posluživanje ili kornete i uživajte u njegovom bogatom i osvježavajućem okusu kave i čokolade.

58.Moka-lješnjak macaroon kupole

SASTOJCI:

ZA ŠKOLJKE MAKARUNA:

- 1 šalica šećera u prahu
- ¾ šalice bademovog brašna
- 2 žlice kakaa u prahu
- 2 žlice granula instant kave
- 2 veća bjelanjka
- ¼ šalice granuliranog šećera
- Prstohvat soli

ZA NADJEV MOKA-LJEŠNJAK:

- 1 šalica namaza od lješnjaka (kao što je Nutella)
- ¼ šalice gustog vrhnja
- 1 žlica granula instant kave

ZA MONTAŽU:

- ¼ šalice lješnjaka, prženih i nasjeckanih (za ukras)
- Po želji: jestiva zlatna prašina ili šećer u prahu za dekoraciju

UPUTE:

za školjke od makarona:

a) Zagrijte pećnicu na 325°F (165°C) i obložite dva lima za pečenje papirom za pečenje.

b) U zdjelu prosijte šećer u prahu, bademovo brašno, kakao prah i granule instant kave. Staviti na stranu.

c) U posebnoj posudi za miješanje istucite bjelanjke srednjom brzinom dok ne postanu pjenasti.

d) U snijeg od bjelanjaka postupno dodajte kristalni šećer i sol uz nastavak mućenja. Povećajte brzinu na najveću i tucite dok se ne formiraju čvrsti vrhovi.

e) Mješavinu suhih sastojaka lagano kuhačom umiješajte u tučene bjelanjke. Miješajte dok smjesa ne postane glatka i dobro spojena.

f) Premjestite tijesto za makarone u vrećicu s okruglim vrhom.

g) Izvucite male okruglice, promjera oko 1 inča, na pripremljene limove za pečenje. Ostavite razmak između svakog makarona.

h) Nekoliko puta lupnite limom za pečenje o radnu površinu kako biste oslobodili sve mjehuriće zraka i malo spljoštili makarone.

i) Pustite makarone da odstoje na sobnoj temperaturi oko 15-30 minuta kako bi se stvorila blaga korica na površini.

j) Pecite ljuske makarona u prethodno zagrijanoj pećnici oko 12-15 minuta ili dok se ne stvrdnu i lako odvoje od papira za pečenje.

k) Izvadite ljuske makarona iz pećnice i ostavite da se potpuno ohlade na limovima za pečenje prije nego što ih pažljivo skinete.

za nadjev od moka-lješnjaka:

l) U posudi za miješanje pomiješajte namaz od lješnjaka, vrhnje i granule instant kave. Miješajte dok se dobro ne sjedini i postane glatko.

m) Prebacite smjesu za punjenje u vrećicu s okruglim vrhom.

za montažu:

n) Spojite ohlađene kore makarona u parove sličnih veličina.

o) Nanesite veliku količinu nadjeva od moka lješnjaka na ravnu stranu jedne kore makarona od svakog para.

p) Nježno spojite nadjev s drugom ljuskom makarona, lagano pritiskajući da se zalijepi.

q) Ponovite s preostalim ljuskama makarona i nadjevom.

r) Po izboru: kupole makarona pospite jestivom zlatnom prašinom ili šećerom u prahu za ukrašavanje.

s) Pospite pržene i nasjeckane lješnjake na vrh svake kupole makarona za dodatnu teksturu i okus.

t) Stavite kupole makarona u hladnjak na najmanje 1 sat da se nadjev stegne.

UMACI

59.Kahlua Moka umak

SASTOJCI:

- ½ šalice gustog vrhnja
- ¼ šalice granuliranog šećera
- 2 žlice nezaslađenog kakaa u prahu
- 1 žlica granula instant kave
- 2 žlice Kahlua (likera od kave)
- 4 unce poluslatke čokolade, nasjeckane
- 1 žlica neslanog maslaca
- ½ žličice ekstrakta vanilije

UPUTE:

a) U loncu pomiješajte vrhnje, granulirani šećer, kakao prah i granule instant kave. Miješajte dok se šećer i zrnca kave ne otope.

b) Stavite lonac na srednju vatru i pustite smjesu da lagano kuha, neprestano miješajući.

c) Maknite lonac s vatre i umiješajte Kahluu.

d) Dodajte nasjeckanu poluslatku čokoladu i miješajte dok se čokolada potpuno ne otopi i smjesa postane glatka.

e) Umiješajte neslani maslac i ekstrakt vanilije dok se maslac ne otopi i sjedini.

f) Neka se umak malo ohladi prije posluživanja. Hlađenjem će se zgusnuti.

g) Koristite Kahlua moka umak kao preljev za sladoled, kolače ili druge deserte. Uživati!

60.Moka Fudge umak

SASTOJCI:

- 1 šalica gustog vrhnja
- ½ šalice granuliranog šećera
- ¼ šalice nezaslađenog kakaa u prahu
- 1 žlica granula instant kave
- 4 unce poluslatke čokolade, nasjeckane
- 2 žlice neslanog maslaca
- ½ žličice ekstrakta vanilije

UPUTE:

a) U loncu pomiješajte vrhnje, granulirani šećer, kakao prah i granule instant kave. Miješajte dok se šećer i zrnca kave ne otope.

b) Stavite lonac na srednju vatru i pustite smjesu da lagano kuha, neprestano miješajući.

c) Maknite lonac s vatre i dodajte nasjeckanu poluslatku čokoladu. Miješajte dok se čokolada potpuno ne otopi i smjesa postane glatka.

d) Umiješajte neslani maslac i ekstrakt vanilije dok se maslac ne otopi i sjedini.

e) Neka se umak malo ohladi prije posluživanja. Hlađenjem će se zgusnuti.

f) Koristite moka fudge umak kao preljev za sladoled, kolače ili druge deserte. Uživati!

61.Moka rum umak

SASTOJCI:

- ½ šalice gustog vrhnja
- ¼ šalice granuliranog šećera
- 2 žlice nezaslađenog kakaa u prahu
- 1 žlica granula instant kave
- 2 žlice ruma
- 4 unce mliječne čokolade, nasjeckane
- 1 žlica neslanog maslaca
- ½ žličice ekstrakta vanilije

UPUTE:

a) U loncu pomiješajte vrhnje, granulirani šećer, kakao prah i granule instant kave. Miješajte dok se šećer i zrnca kave ne otope.

b) Stavite lonac na srednju vatru i pustite smjesu da lagano kuha, neprestano miješajući.

c) Maknite lonac s vatre i umiješajte rum.

d) Dodajte nasjeckanu mliječnu čokoladu i miješajte dok se čokolada potpuno ne otopi i smjesa postane glatka.

e) Umiješajte neslani maslac i ekstrakt vanilije dok se maslac ne otopi i sjedini.

f) Neka se umak malo ohladi prije posluživanja. Hlađenjem će se zgusnuti.

g) Prelijte moka rum umak preko kolača, pudinga ili drugih deserta. Uživati!

62.Moka Tia Maria umak

SASTOJCI:

- 1 šalica gustog vrhnja
- ¼ šalice granuliranog šećera
- 2 žlice nezaslađenog kakaa u prahu
- 1 žlica granula instant kave
- 2 žlice likera Tia Maria
- 4 unce tamne čokolade, nasjeckane
- 1 žlica neslanog maslaca
- ½ žličice ekstrakta vanilije

UPUTE:

a) U loncu pomiješajte vrhnje, granulirani šećer, kakao prah i granule instant kave. Miješajte dok se šećer i zrnca kave ne otope.

b) Stavite lonac na srednju vatru i pustite smjesu da lagano kuha, neprestano miješajući.

c) Maknite lonac s vatre i umiješajte liker Tia Maria.

d) Dodajte nasjeckanu tamnu čokoladu i miješajte dok se čokolada potpuno ne otopi i smjesa postane glatka.

e) Umiješajte neslani maslac i ekstrakt vanilije dok se maslac ne otopi i sjedini.

f) Neka se umak malo ohladi prije posluživanja. Hlađenjem će se zgusnuti.

g) Prelijte Moka Tia Maria umak preko deserta poput sladoleda, kolača ili kolačića. Alternativno, možete ga koristiti kao umak za umakanje voća ili ga namazati na palačinke ili palačinke.

h) Sve ostatke umaka čuvajte u hermetički zatvorenoj posudi u hladnjaku do tjedan dana. Lagano zagrijte prije upotrebe.

63.Moka umak od oraha

SASTOJCI:

- 1 šalica gustog vrhnja
- ½ šalice granuliranog šećera
- 2 žlice nezaslađenog kakaa u prahu
- 1 žlica granula instant kave
- 4 unce poluslatke čokolade, nasjeckane
- 1 žlica neslanog maslaca
- ½ žličice ekstrakta vanilije
- ½ šalice nasjeckanih oraha

UPUTE:

a) U loncu pomiješajte vrhnje, granulirani šećer, kakao prah i granule instant kave. Miješajte dok se šećer i zrnca kave ne otope.

b) Stavite lonac na srednju vatru i pustite smjesu da lagano kuha, neprestano miješajući.

c) Maknite lonac s vatre i dodajte nasjeckanu poluslatku čokoladu. Miješajte dok se čokolada potpuno ne otopi i smjesa postane glatka.

d) Umiješajte neslani maslac i ekstrakt vanilije dok se maslac ne otopi i sjedini.

e) Neka se umak malo ohladi prije posluživanja. Hlađenjem će se zgusnuti.

f) U moka umak umiješajte nasjeckane orahe.

g) Koristite moka umak od oraha kao preljev za sladoled, kolače ili druge deserte. Uživati!

h) Ovi moka umaci daju ukusan i dekadentan dodir raznim desertima. Bilo da preferirate gorko-slatku, Kahlua-infudge, fudge, rum-fudge, satensku, klasičnu ili orahovu verziju, ovi umaci će poboljšati okuse vaših omiljenih slatkih poslastica. Uživati!

ŠEJKOVI I KOKTELI

64. Ledena crna šumska moka

SASTOJCI:

- 4 žlice espressa
- Led
- 1 žlica čokoladnog sirupa
- 1 žlica sirupa od višanja
- ½ žlice kokosovog sirupa
- 16 žlica hladnog mlijeka
- Šlag; za preljev
- Obrijana čokolada; za preljev
- 1 trešnja; za ukrašavanje

UPUTE:

a) Ulijte Izrazio u čašu od 12 unci napunjenu ledom.

b) Dodajte sirupe i mlijeko i promiješajte.

c) Na vrh stavite obilnu kuglicu tučenog vrhnja i naribanu čokoladu te ukrasite trešnjom.

65. Moka proteinski tresti

SASTOJCI:

- 1 šalica hladno kuhane kave
- 1 šalica mlijeka (mliječnog ili biljnog)
- 1 mjerica čokoladnog proteinskog praha
- 1 žlica kakaa u prahu
- 1 žlica maslaca od badema ili maslaca od kikirikija
- Kockice leda (po želji)

UPUTE:

a) U blenderu pomiješajte hladno kuhanu kavu, mlijeko, čokoladni proteinski prah, kakao prah i maslac od badema.

b) Miješajte dok ne postane glatko i dobro sjedinjeno.

c) Po želji dodajte kockice leda i ponovno izmiksajte kako biste dobili ohlađeni proteinski tresti.

d) Ulijte u čašu i uživajte u svom moka protein trestiu.

66.Moka Smoothie od banane

SASTOJCI:

- 1 zrela banana
- 1 šalica hladno kuhane kave
- ½ šalice mlijeka (mliječnog ili biljnog)
- 1 žlica kakaa u prahu
- 1 žlica meda ili zaslađivača po izboru
- Kockice leda (po želji)

UPUTE:

a) U blenderu pomiješajte zrelu bananu, hladno skuhanu kavu, mlijeko, kakao prah i med.

b) Miješajte dok ne postane glatko i kremasto.

c) Po želji dodajte kockice leda i ponovno izmiksajte kako biste dobili ohlađeni smoothie.

d) Ulijte u čašu i uživajte u svom osvježavajućem smoothieju od moka banane.

67. Moka Caramel Oreo Milktresti sa sladom

SASTOJCI:

- 6 kuglica Blue Bell sladoleda od kave
- 6 Moka Caramel Latte Oreos
- 2 žlice sladnog mlijeka u prahu
- 1/4 šalice mlijeka

UPUTE:

a) Stavite sve sastojke u blender.

b) Dobro miješajte dok se sve ne sjedini i ne dobijete glatku kremastu teksturu.

68. Moka Frappuccino

SASTOJCI:

- 1 unca votke
- liker od kave od 1 unce
- 1 unca čokoladnog likera
- 2 unce mlijeka
- 1 unca espressa
- 1 šalica kockica leda

UPUTE:

a) U blenderu pomiješajte votku, liker od kave, liker od čokolade, mlijeko, Izrazio i kockice leda.
b) Miješajte velikom brzinom dok smjesa ne postane glatka i pjenasta.
c) Ulijte smjesu u visoku čašu.
d) Po želji, možete ga preliti šlagom i preliti čokoladnim sirupom.
e) Poslužite sa slamkom i uživajte!

69. Moka staromodna

SASTOJCI:

- 2 unce burbona
- ½ unce likera od kave
- ¼ unce jednostavnog sirupa
- 2 mrvice gorke čokolade
- Narančina kora, za ukras
- Kocke leda

UPUTE:

a) U staromodnoj čaši pomiješajte koricu naranče i jednostavan sirup.
b) Napunite čašu kockicama leda.
c) Dodajte burbon, liker od kave i gorku čokoladu.
d) Lagano promiješajte da se sjedini.
e) Ukrasite komadićem naranče.
f) Poslužite i uživajte!

70. Moka klizište

SASTOJCI:

- 1 unca votke
- liker od kave od 1 unce
- 1 unca irskog kremastog likera
- 2 unce mlijeka ili vrhnja
- 1 unca čokoladnog sirupa
- Kocke leda

UPUTE:

a) Napunite blender kockicama leda.
b) Dodajte votku, liker od kave, irski krem liker, mlijeko ili vrhnje i čokoladni sirup.
c) Miješajte velikom brzinom dok ne postane glatko i kremasto.
d) Nakapajte malo čokoladnog sirupa u čašu.
e) Ulijte izmiksanu smjesu u čašu.
f) Po želji ga možete preliti šlagom i posuti kakaom u prahu.
g) Poslužite sa slamkom i uživajte!

71.Moka Okrenuti

SASTOJCI:

- 1 ½ unce ruma
- ½ unce likera od kave
- ½ unce crème de cacao
- ½ unce espressa
- 1 cijelo jaje
- Kocke leda

UPUTE:

a) Napunite trestir za koktele kockicama leda.
b) U trestir dodajte rum, liker od kave, crème de cacao, Izrazio i cijelo jaje.
c) Snažno protresite oko 20-30 sekundi.
d) Procijedite smjesu u ohlađenu čašu.
e) Po želji možete na vrh naribati malo muškatnog oraščića za ukras.
f) Poslužite i uživajte!

72. Moka Martini

SASTOJCI:

- 1 šalica espressa
- 1 ½ unce votke
- 1 unca čokoladnog likera

UPUTE:

a) Sve sastojke promućkajte s ledom i procijedite u čašu za martini.

73.Klasična Moka

SASTOJCI:

- 18 g mljevenog espressa ili 1 mahuna espressa
- 250 ml mlijeka
- 1 žličica čokolade za piće

UPUTE:

a) Skuhajte oko 35 ml espressa u aparatu za kavu i ulijte ga na dno šalice. Dodajte čokoladu za piće i dobro miješajte dok ne postane glatko.

b) Koristite nastavak za kuhanje na pari da zapjenite mlijeko dok ne dobije oko 4-6 cm pjene na površini. Držite vrč za mlijeko s izljevom otprilike 3-4 cm iznad šalice i ulijevajte mlijeko u ravnomjernom mlazu.

c) Kako se razina tekućine u šalici podiže, približite vrč za mlijeko što je moguće bliže površini napitka usmjeravajući ga prema sredini.

d) Kada vrč za mlijeko gotovo dodirne površinu kave, nagnite ga da brže točite. Dok to radite, mlijeko će udariti o poleđinu šalice i prirodno se presaviti, stvarajući ukrasni uzorak na vrhu vaše mokke.

74.Ledeni Moka Cappuccino

SASTOJCI:

- ¼ šalice pola-pola
- 1 žlica čokoladnog sirupa
- 1 šalica vrućeg dvostrukog espressa ili vrlo jake kave
- 4 kocke leda

UPUTE:

a) Umiješajte čokoladni sirup u kuhanu kavu dok se ne otopi. Zatim u blenderu pomiješajte kavu s pola-pola i kockicama leda.
b) Snažno miješajte 2 do 3 minute.
c) Poslužite odmah u visokoj, ohlađenoj čaši.

75.Moka pogoditi

SASTOJCI:

- 18 kockica leda (do 22)
- 7 unci kave dvostruke jačine, ohlađene
- ½ šalice čokoladnog umaka (ili sirupa)
- 2 žlice sirupa od vanilije
- Šlag

UPUTE:

a) Koristite blender.

b) Stavite led, kavu, čokoladni umak i sirup u blender. Miješajte dok ne postane glatko. Ulijte u veliku, visoku, ohlađenu čašu za sok.

c) Ukrasite komadom tučenog vrhnja ili kuglicom sladoleda.

76.Godiva Moka Pogoditi

SASTOJCI:

- ½ unce tamno pržene kave
- 1 žlica nezaslađenog kakaa
- 1 jušna žlica Šećer
- ¼ litre (½ pinte) sladoleda od kave
- 3 žlice mlijeka

UPUTE:

a) Skuhajte jaku kavu u 4 šalice hladne vode.
b) Pjenasto izmiješajte kakao i šećer.
c) Umiješajte u vruću kavu.
d) Ohladite pa ohladite.
e) U porcijama pomiješajte ohlađenu kavu, sladoled i mlijeko u blenderu dok ne postane glatka i pjenasta.
f) Smjesu za pogoditie ulijte u čaše.
g) Po vrhovima prosijte kakao prah i poslužite sa slamkama.

77.Ledeni Mokaccino

SASTOJCI:

- 1 šalica sladoleda od vanilije ili smrznutog jogurta
- 1 žlica šećera
- ¼ šalice gustog vrhnja, lagano umućenog
- ½ šalice kuhanog espressa, ohlađenog
- 6 žlica čokoladnog sirupa
- ½ šalice mlijeka

UPUTE:

a) Stavite Izrazio, čokoladni sirup, šećer i mlijeko u blender, zatim miksajte dok se dobro ne sjedine.
b) Dodajte sladoled ili jogurt u smjesu i miješajte dok ne dobijete glatku konzistenciju.
c) Dobivenu smjesu podijelite u dvije ohlađene čaše i svaku ukrasite šlagom i čokoladnim kovrčama ili pospite cimetom ili kakaom.

78.Brazilska Moka Cola

SASTOJCI:

- 2 žlice nezaslađenog kakaa u prahu
- ¼ šalice vruće vode
- Čokoladne strugotine ili kakao prah za ukras (po želji)
- ¼ šalice mlijeka (punomasno ili po vašem izboru)
- Šlag (po želji)
- 1 šalica svježe skuhane kave
- 3 žlice šećera
- Kocke leda
- 1 limenka kole (12 unci), ohlađena

UPUTE:

a) Započnite s pripremom svježe i tople šalice kave koristeći svoj omiljeni aparat za kavu ili način kuhanja.
b) U posebnoj zdjeli pomiješajte nezaslađeni kakao prah i šećer.
c) Dodajte ¼ šalice vruće vode u mješavinu kakaa u prahu i šećera. Temeljito miješajte dok se kakao prah i šećer potpuno ne otope, stvarajući čokoladni sirup.
d) Svježe skuhanu vruću kavu ulijte u čokoladni sirup i miješajte dok se dobro ne sjedini, što rezultira moka smjesom.
e) Dodajte ¼ šalice mlijeka u moka smjesu i promiješajte da se sjedini. Slatkoću prilagodite svojim željama tako da po potrebi dodate još šećera.
f) Odaberite željenu količinu kockica leda i njima napunite čašu.
g) Pažljivo prelijte moka smjesu preko leda u čaši, puneći je otprilike do pola.
h) Postupno prelijte ohlađenu colu preko moka smjese u čaši. Ova kombinacija kave, kakaa i kole stvorit će prekrasan spoj okusa i pjenušavosti.
i) Po želji možete svojoj brazilskoj Moka Coli dodati malo šlaga.
j) Za dodatni okus i prezentaciju, razmislite o ukrašavanju čokoladnim strugotinama ili posipom kakaa u prahu.
k) Odmah poslužite svoju Brazilian Moka Colu i uživajte u ovoj jedinstvenoj fuziji okusa kave i cole!

79.Začinjena meksička moka

SASTOJCI:

- 2 žlice šećera u prahu
- 1 žlica nezaslađene Ghirardelli mljevene čokolade u prahu
- 2 žlice gustog vrhnja ili pola-pola
- ¼ žličice vijetnamskog kasijinog cimeta
- 6 unci jake kave
- ¼ žličice jamajčanske pimente
- ⅛ žličice kajenskog papra

UPUTE:

a) U maloj posudi pomiješajte sve suhe sastojke.

b) Ulijte kavu u veliku šalicu i miješajte smjesu kakaa dok se dobro ne sjedini.

c) Zatim dodajte vrhnje po ukusu.

80.Pepermetvica Moka

SASTOJCI:

- 2 žlice kakaa u prahu
- 2 žlice šećera
- 1 šalica vruće kave
- ¼ žličice ekstrakta paprene metvice
- Šlag (po želji)

UPUTE:

a) Pripremite jaku šalicu kave.
b) U drugoj zdjeli pomiješajte kakao prah i šećer.
c) Umiješajte mješavinu kakaa i šećera u vruću kavu dok se potpuno ne otopi.
d) Dodajte ekstrakt paprene metvice i promiješajte.
e) Po želji odozgo premažite šlagom.
f) Uživajte u Peppermetvica Moka!

81.Malina Moka

SASTOJCI:

- 2 žlice sirupa od malina
- 1 šalica vruće kave
- 2 žlice kakaa u prahu
- Šlag (po želji)

UPUTE:

a) Pripremite jaku šalicu kave.
b) Umiješajte kakao prah i sirup od malina.
c) Po želji odozgo premažite šlagom.
d) Uživajte u Raspberry Moka!

82. Moka s cimetom i narančom

SASTOJCI:

- 1 šalica vruće kave
- 2 žlice kakaa u prahu
- ¼ žličice mljevenog cimeta
- 1 žlica narančine korice

UPUTE:

a) Pripremite jaku šalicu kave.
b) Umiješajte kakao prah, mljeveni cimet i koricu naranče.
c) Uživajte u svojoj Moka s cimetom i narančom!

83.Tostirani Marshmallow Cafe Moka

SASTOJCI:

- 1 šalica espressa ili ½ šalice jake kave
- ½ šalice mlijeka
- 2 žlice čokoladnog sirupa
- ¼ šalice vruće čokolade ili mješavine kakaa
- ¼ šalice mini marshmallowa
- Šlag (po želji)
- Čokoladne strugotine (po želji)

UPUTE:

a) Skuhajte dozu espressa ili pripremite šalicu jake kave. Koristite Izrazio aparat ili aparat za kavu.

b) Dok se kava kuha, pripremite toplu čokoladu. To možete učiniti tako da u zasebnoj posudi pomiješate ¼ šalice vruće vode s vrućom čokoladom ili mješavinom kakaa. Miješajte dok se dobro ne otopi.

c) U malom loncu zagrijte ½ šalice mlijeka na laganoj do srednjoj vatri dok ne postane vruće, ali ne proključa. Ako imate pjenilicu za mlijeko, zapjenite mlijeko kako biste postigli ekstra kremastu teksturu.

d) Započnite dodavanjem doze espressa ili kuhane kave u šalicu za kavu.

e) Umiješajte 2 žlice čokoladnog sirupa u kavu, pazeći da se dobro sjedine.

f) Pripremljenu toplu čokoladu postupno ulijevajte u smjesu s kavom i dobro promiješajte da se okusi sjedine.

g) Vruće, pjenasto mlijeko oprezno ulijevajte u smjesu za kavu žlicom da zadržite pjenu dok mlijeko ne poteče.

h) Prilagodite svoj Toasted Marshmallow Cafe Moka s mini marshmallow kolačićima po želji, dodajući koliko god želite.

i) Za dodatni ugodan dodir, ako želite, na vrh ga dodajte malo tučenog vrhnja i pospite komadićima čokolade.

j) Ako slučajno imate kuhinjsku baklju, možete lagano tostirati marshmallows na vrhu dok ne postanu zlatnosmeđi i lagano hrskavi. Budite oprezni kako biste spriječili opekline.

k) Na kraju ubacite slamku ili dugačku žlicu, lagano promiješajte i uživajte u svojoj divnoj tostiranoj moki od marshmallow Cafe!

84. Metvica Moka Mocktail

SASTOJCI:

- 1 šalica espressa
- 1 unca čokoladnog sirupa
- ½ unce sirupa od pepermetvicaa
- Kocke leda
- Mlijeko ili vrhnje (po želji)

UPUTE:

a) Promućkajte Izrazio, čokoladni sirup i sirup od pepermetvicaa s ledom.
b) Po želji dodajte mlijeko ili vrhnje.

85.Moka od bijele čokolade

SASTOJCI:

- 1 šalica espressa
- 1 šalica vrućeg mlijeka
- 2 žlice sirupa od bijele čokolade

UPUTE:

a) Skuhajte dozu espressa.
b) Zagrijte mlijeko dok ne bude vruće, ali ne bude mjehurića.
c) Umiješajte sirup od bijele čokolade.
d) Ulijte Izrazio u šalicu, prelijte vrućim mlijekom i promiješajte.

86.Moka od kokosa

SASTOJCI:

- 1 šalica espressa
- 1 šalica vrućeg mlijeka
- 2 žlice kakaa u prahu
- 2 žlice kokosovog sirupa

UPUTE:

a) Skuhajte dozu espressa.
b) Zagrijte mlijeko dok ne bude vruće, ali ne bude mjehurića.
c) U posebnoj posudi pomiješajte kakao prah i kokosov sirup.
d) Umiješajte smjesu kakaa i kokosa u Izrazio dok se ne otopi.
e) Prelijte vrućim mlijekom i promiješajte.

87.Moka Talijanski Izrazio

SASTOJCI:

- 1 čašica espressa (približno 35 ml)
- 250 ml mlijeka
- 1-2 žlice kakaa u prahu (po želji)
- 1-2 žlice šećera (po želji)
- Šlag (po želji, za ukras)
- Strugotine čokolade (po želji, za ukras)

UPUTE:

a) Započnite kuhanjem jedne čaše espressa, otprilike 35 ml, pomoću aparata za Izrazio. Provjerite je li jaka i aromatična.
b) U posebnoj zdjeli pomiješajte kakao prah i šećer. Prilagodite količine kako biste postigli željenu razinu slatkoće i čokoladnog okusa.
c) Koristeći kuhalo za mlijeko na pari ili na ploči štednjaka, zagrijte mlijeko dok ne bude vruće, ali ne proključa. Zapjenite mlijeko kako biste stvorili kremastu, baršunastu teksturu.
d) U šalicu za kavu dodajte skuhani Izrazio.
e) Pospite mješavinu kakaa u prahu i šećera u Izrazio. Dobro promiješajte kako biste osigurali da se kakao i šećer potpuno otope.
f) Ulijte zapjenjeno mlijeko u smjesu za Izrazio, pustite da prvo krene kremasto mlijeko dok žlicom zadržavate pjenu.
g) Ako želite, prelijte svoj Moka Talijanski Izrazio malo šlaga za dodatni užitak.
h) Završite svoj moka posipanjem čokoladnih strugotina preko šlaga.

88.Kakao lješnjak Moka

SASTOJCI:

- ¾ unce Kahlua
- ½ šalice vruće kave od lješnjaka (napravljene od veganske mješavine kave)
- 1 žličica kakaa u prahu
- 2 žlice veganske polovice (možete koristiti kremu bez mliječnih proizvoda poput bademove, sojine ili zobene)

UPUTE:

a) Započnite pripremom snažne šalice kave od lješnjaka na način koji preferirate, kao što je aparat za kavu na kapaljku, francuski tisak ili aparat za Izrazio. Provjerite je li kava prikladna za vegane.
b) Dok se kava kuha, lagano zagrijte veganski pola-pola. To možete postići korištenjem male posude za umake na laganoj vatri ili mikrovalne pećnice otprilike 20-30 sekundi. Nastojte ga zagrijati bez da prokuha.
c) Stavite Kahlua i veganski kakao prah u šalicu za kavu.
d) Kada je kava gotova, ulijte je u šalicu koja sadrži Kahlua i kakao prah. Temeljito promiješajte da se kakao prah sjedini i otopi.
e) Nakon toga zagrijanu vegansku polovicu i polovicu ulijte u smjesu za kavu. Još jednom promiješajte da se sjedini.
f) Vaša veganska moka od kakaa i lješnjaka sada je spremna za vaš užitak. Po želji ga možete poboljšati veganskim šlagom ili posuti kakaom u prahu.
g) Poslužite ga dok je vruć i uživajte u prekrasnoj fuziji okusa kakaa, lješnjaka i kave, a sve to bez upotrebe mliječnih proizvoda.

89.Moka od bijele čokolade i maline

SASTOJCI:

- 1 šalica espressa ili ½ šalice jake kave
- 1-2 žlice sirupa od malina
- ¼ šalice mlijeka
- 2 žlice komadića bijele čokolade ili sirupa od bijele čokolade
- Šlag
- Svježe maline (za ukras)

UPUTE:

a) Skuhajte dozu espressa ili pripremite šalicu jake kave.

b) U loncu lagano zagrijte mliječnu i bijelu čokoladu na laganoj vatri, stalno miješajući dok se čokolada potpuno ne otopi, a smjesa postane vruća.

c) U smjesu dodajte sirup od malina i nastavite miješati.

d) Ulijte svježe skuhani Izrazio ili kavu u šalicu.

e) Kavu pažljivo prelijte vrućom mješavinom bijele čokolade i mlijeka od maline.

f) Dovršite svoju kreaciju tako da je prelijete malo tučenog vrhnja i ukrasite svježim malinama.

g) Uživajte u svojoj izdašnoj mokki od bijele čokolade i maline!

90. Originalna ledena kava

SASTOJCI:

- 1/4 šalice kave; instant, obični ili bez kofeina
- 1/4 šalice šećera
- 1 litra ili litra hladnog mlijeka

Upute

a) Otopite instant kavu i šećer u vrućoj vodi. Umiješajte 1 litru ili litru hladnog mlijeka i dodajte led. Za okus moke upotrijebite čokoladno mlijeko i dodajte šećera po ukusu.
b) Otopite 1 žlicu **instant kave i** 2 žličice šećera u 1 žličici vruće vode.
c) Dodajte 1 šalicu hladnog mlijeka i promiješajte.
d) Umjesto šećera možete zasladiti niskokaloričnim zaslađivačem

91.Kava s okusom Moka

SASTOJCI:

- 1/4 šalice suhog nemliječnog vrhnja
- 1/3 šalice šećera
- 1/4 šalice suhe instant kave
- 2 žlice kakaa

Upute

a) Stavite sve sastojke u mikser, tucite na visokoj razini dok se dobro ne sjedine. Pomiješajte 1 1/2 jušne žlice sa šalicom vruće vode.
b) Čuvajte u hermetički zatvorenoj staklenci. Kao što je staklenka za konzerviranje.

92. Čokoladna kava

SASTOJCI:

- 2 žlice instant kave
- 1/4 šalice šećera
- 1 crtica soli
- 1 oz. Kvadrati nezaslađene čokolade
- 1 šalica vode
- 3 šalice mlijeka
- Šlag

Upute

a) U loncu pomiješajte kavu, šećer, sol, čokoladu i vodu; miješati na laganoj vatri dok se čokolada ne otopi. Kuhajte 4 minute uz stalno miješanje.
b) Postupno dodavati mlijeko uz stalno miješanje dok se ne zagrije.
c) Kad je vruća, maknite s vatre i tucite mješalicom dok smjesa ne postane pjenasta.
d) Ulijte u šalice i na površinu svake nanesite komadić šlaga.

93. Moka talijanski Izrazio

SASTOJCI:

- 1 šalica instant kave
- 1 šalica šećera
- 4 1/2 šalice nemasnog suhog mlijeka
- 1/2 šalice kakaa

Upute

a) Promiješajte sve sastojke.
b) Procesirajte u blenderu dok ne postane prah.
c) Koristite 2 žlice na jednu malu šalicu vruće vode.
d) Poslužite u šalicama za Izrazio.
e) Čuvajte u čvrsto zatvorenoj staklenci s poklopcem.
f) Staklenke za konzerviranje dobro služe za čuvanje kave.

94.Čokoladne kave

SASTOJCI:

- 1/4 šalice instant espressa
- 1/4 šalice instant kakaa
- 2 šalice kipuće vode - najbolje je koristiti vodu koja je filtrirana
- Šlag
- Sitno nasjeckana narančina kora ili mljeveni cimet

Upute

a) Pomiješajte kavu i kakao. Dodajte kipuću vodu i miješajte da se otopi. Ulijte u demitasse čaše. Svaku porciju prelijte tučenim vrhnjem, naribanom koricom naranče i malo cimeta.

95.Čokoladna makaroni kava

SASTOJCI:

- Makaroni zrna kave
- 1 žlica ekstrakta vanilije
- 1 žličica ekstrakta badema
- 1 žličica kakaa u prahu
- 1 žličica šećera
- Šlag za ukrašavanje

Upute

a) Skuhajte kavu.
b) Dodajte ekstrakt vanilije i badema 1 žličicu kakaa i 1 žličicu šećera po šalici.
c) Ukrasite šlagom

96.Čokolada Metvica Coffee Plutati

SASTOJCI:

- 1/2 šalice vruće kave
- 2 žlice Crème de Cacao likera
- 1 kuglica sladoleda od čokolade i mente

Upute

a) Za svako posluživanje pomiješajte 1/2 šalice kave i 2 žlice
b) s od likera.
c) Na vrh stavite kuglicu sladoleda.

97.Kakao lješnjak Moka

SASTOJCI:

- 3/4 oz. Kahlua
- 1/2 šalice vruće kave od lješnjaka
- 1 žličica Nestle Quick
- 2 žlice pola-pola

Upute

a) Pomiješajte sve sastojke u omiljenoj posudi .
b) S tir

98.Čokoladna menta kava

SASTOJCI:

- 1/3 šalice mljevene kave
- 1 žličica ekstrakta čokolade
- 1/2 žličice ekstrakta metvice
- 1/4 žličice ekstrakta vanilije

Upute

a) Stavite kavu u blender.
b) U šalici pomiješajte ekstrakte, dodajte ekstrakte kavi.
c) Procesirajte dok se ne izmiješa, samo nekoliko sekundi.
d) Čuvati u hladnjaku

99.Talijanska kava s čokoladom

SASTOJCI:

- 2 šalice vruće jake kave
- 2 šalice toplog tradicionalnog kakaa - isprobajte marku Hershey's
- Šlag
- Naribana narančina kora

Upute

a) Pomiješajte 1/2 šalice kave i 1/2 šalice kakaa u svakoj od 4 šalice.
b) Vrh premazati šlagom; pospite ribanom narančinom koricom.

100.poluslatka moka

SASTOJCI:

- 4 oz. Poluslatka čokolada
- 1 žlica šećera
- 1/4 šalice vrhnja za šlag
- 4 šalice vruće jake kave
- Šlag
- Naribana narančina kora

Upute

a) Rastopite čokoladu u jakom loncu na laganoj vatri.
b) Umiješajte šećer i vrhnje za šlag.
c) Umutite kavu pomoću pjenjače, 1/2 šalice odjednom; nastavite dok ne postane pjenasto.
d) Odozgo premazati šlagom i posuti ribanom koricom naranče.

ZAKLJUČAK

Dok dolazimo do kraja " Neodoljiva Moka Kuharica", nadamo se da ste u potpunosti uživali u istraživanju svijeta kave i čokoladnih užitaka. Moka je pravi dar našim okusnim pupoljcima, a mi smo nastojali predstaviti vam zbirku recepata koji doista slave njezine jedinstvene okuse.

Od utješne topline moka lattea do dekadentnog bogatstva deserata prožetih mokaom, svaki je recept pažljivo osmišljen kako bi pružio divno moka iskustvo. Potičemo vas da eksperimentirate, prilagodite i napravite svoje vlastite recepte, prilagođavajući ih vašim osobnim preferencijama i kulinarskim avanturama.

Upamtite, moka nije samo okus - to je osjetilno iskustvo koje kombinira umjetnost kave s užitkom čokolade. To je podsjetnik da uživate u jednostavnim životnim zadovoljstvima i da pronađete radost u malim trenucima.

Nadamo se da vas je "Neodoljiva Moka Kuharica" potaknula na kreativnost u kuhinji, a da su vam recepti na njenim stranicama izmamili osmijeh na lice i toplinu u srce. Neka vas svaki gutljaj i zalogaj odnese u svijet moka magije.

Hvala vam što ste nam se pridružili na ovom putovanju punom moke. Do ponovnog susreta, sretno kuhanje i bon appétit!

www.ingramcontent.com/pod-product-compliance
Lightning Source LLC
Chambersburg PA
CBHW071323110526
44591CB00010B/1008
9781836112730